MW00565221

LEARN POLISH WITH STARTER STORIES

Interlinear Polish to English

HYPLERN

TRANSLATION
KEES VAN DEN END

FOREWORD
CAMILO ANDRÉS BONILLA CARVAJAL PHD

Toronto

2018

ISBN: 978-1-988830-75-9

HYPLERN

LEARNING A FOREIGN LANGUAGE should not be the product of leafing through pages in a bilingual dictionary until hurting one's fingertips. Quite the contrary, everyday language use, friendly reading, and direct exposure to the language should become the path towards the mastery of vocabulary. In this manner, learners could be successful in the foreign language without too much study of grammar paradigms or rules. Indeed, Seneca expresses in his sixth epistle that "Longum iter est per praecepta, breve et efficax per exempla[1]».

The HypLern series constitutes an effort to provide a strongly effective tool for experiential foreign language learning. Those who are really interested in addressing the original literary works to learn a foreign language do not have to use conventional graded texts or adapted versions for novice

---

[1] "The journey is long through precepts, but brief and effective through examples". Seneca, Lucius Annaeus. (1961) *Ad Lucilium Epistulae Morales*, vol. I. London: W. Heinemann.

readers. The former only distort the actual essence in literary works, while the latter are highly reduced in vocabulary and relevant content. This collection aims at facilitating the lively experience for learners to go through stories as directly told by their very authors.

Most excited adult language learners tend to ask their teachers for alternatives to read writers' thoughts *in* the foreign language, rather than reading others' opinions *about* the target language. However, both teachers and learners lack a reading technique or strategy. Oftentimes, students conduct the reading task only equipped with a bilingual dictionary, a schooling grammar and lots of courage. These efforts usually end up with mis-constructed nonsensical sentences as the final product of long hours spent in an aimless translation drill.

Consequently, we have decided to develop this series of interlineal translations intended to afford a comprehensive edition of unabridged texts. These texts are presented as they were originally written with no changes in word choice or order. As a result, we have a translated piece conveying the true meaning under every word from the original work. Our readers receive then two books in just one volume: the original version and its translation.

The reading task becomes something different from a laborious exercise of patiently decoding unclear and seemingly complex paragraphs. In contrast, reading will be an enjoyable and meaningful process of cultural, philosophical and linguistic learning. Independent learners will then be able to acquire expressions and vocabulary while understanding pragmatic and socio-cultural dimensions of the target language by *reading in* it, instead of *reading about* it.

Our proposal, however, does not claim to be a novelty. Interlineal translation is as old as the Spanish tongue, e.g. "glosses of [Saint] Emilianus", interlineal bibles in Old German, and of course James Hamilton's work in the 1800s. About the latter, we remind the readers, that as a revolutionary freethinker he promoted the publication of Greco-Roman classic works and further pieces in diverse languages. His effort, such as ours, sought for lightening the exhausting task of looking words up in large glossaries as an education practice: "if there is any thing which fills reflecting men with melancholy and regret, it is the waste of mortal time, parental money, and puerile happiness, in the present method of pursuing Latin and Greek[2]".

Additionally, John Locke appears as another influential figure in the same line of thought as Hamilton. Locke is the philosopher and translator of the *Fabulae AEsopi* in an interlineal plan too. In 1600, he was already suggesting that interlineal texts, everyday communication and use of the target language could be the most appropriate ways to achieve language learning:

> ...the true and genuine Way, and that which I would propose, not only as the easiest and best, wherein a Child might, without pains or Chiding, get a Language which others are wont to be whipt for at School six or seven Years together...[3].

---

[2] In: Hamilton, James (1829?) *History, principles, practice and results of the Hamiltonian system, with answers to the Edinburgh and Westminster reviews; A lecture delivered at Liverpool; and instructions for the use of the books published on the system.* Londres: W. Aylott and Co., 8, Pater Noster Row. p. 29.

[3] In: Locke, John. (1693) *Some thoughts concerning education.* Londres: A. and J. Churchill. pp. 196-7.

Who can benefit from this edition?

We identify three kinds of readers, namely, those who take this work as a search tool, others who want to learn a language by reading authentic materials, and the last group that attempts to read writers in their original language. The HypLern collection constitutes a very effective instrument for all of them.

➤ For the first target audience, this edition represents a search tool to connect their mother tongue with that of the writer's. Therefore, they have the opportunity to read over an original literary work in an enriching and certain manner.

➤ For the second group, reading every word or idiomatic expression in their actual context of use will yield a strong association among the form, the collocation and context. This very fact will have an impact on long term learning of passive vocabulary, gradually facilitating the reading in their original language. This book stands for an ideal friend not only of independent learners, but also of those who take lessons with a teacher. Simultaneously, the continuous feeling of achievement produced in the process of reading original authors is also a stimulating factor to empower the study[4].

➤ Finally, the third kind of readers may as well have the same benefits as the previous ones. In effect, they definitely count on a unique version from its style. The closeness feature of our interlineal texts is even broader than collections, such as the Loeb Classical Library. Although their works could be the most famous in this genre, their presentation of texts in opposite pages hinders the link between words and their semantic equivalence in our tongue.

---

[4] Some further ways of using the present work include:
1. As Reading goes on, learners can draw less on the under line (i.e. the English translation). Instead, they could try to read through the upper line with text in the foreign language.
2. Even if you find glosses or explanatory footnotes about the mechanics of the language, you should make your own hypothesis on word formation and syntactical function in a sentence. Feel confident about inferring your language rules and test them progressively. You could also take notes concerning those idiomatic expressions or special language usage that calls your attention for later study.
3. As soon as you finish each text, check the reading in the original version (with no interlineal or parallel translation). This will fulfil the main goal of this collection: bridging the gap between readers and the original literary works, training them to read directly and independently.

Why interlinears?

Conventionally speaking, tiresome reading in tricky circumstances and through dark exhausting ways has been the common definition of learning by texts. This collection offers a friendly reading format where the language is not a *stumbling block* anymore. Contrastively, our collection presents a language as a vehicle through which readers could attain and understand their authors' written ideas.

While learning to read, most people are urged to use the dictionary and distinguish words in multiple entries. We help readers skip the hard and vague step on uncertainties from grammar paradigms and several meanings. In so doing, readers have the chance to invest energy and time in understanding the text and learning vocabulary; they read quickly and easily as a skilled horseman cantering through a book.

Thereby we stress on the fact that our proposal is not new at all. Others have tried the same before, coming up with evident and substantial outcomes. Certainly, we will not be pioneers in designing interlineal texts, but we are nowadays the only, and doubtless, the best in providing you with interlinear foreign language texts.

HANDLING INSTRUCTIONS

Using this book is very easy. Each text should be read three times at least in order to explore the whole potential of the method. Firstly, the reading is devoted to compare words in the foreign language to those in the mother tongue. This is to say the upper line is contrasted to the lower line as the example shows:

Hanc	materia,	quam	auctor	Aesopus	repperit,
This	*matter*	*which*	*the-author*	*Aesop*	*has-found,*

ego	polivi	versibus	senariis.
I	*have-polished*	*with-verses*	*of-six-feet-each.*

Reading needs to be carried out as follows:

Hanc *this* materiam, *matter* quam *which* auctor *the-author* Aesopus *Aesop* repperit, *has-found* ego *I* polivi *have-polished* versibus *with-verses* senariis *of-six-feet-each* etc...

The second phase of reading focuses on catching the meaning and sense from the English line. Readers should cover the under line with a piece of paper as we illustrate in the next picture. Subsequently, they try to guess the meaning of every word and whole sentences drawing on the translation only if necessary.

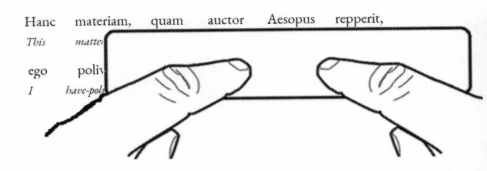

Finally, readers will be able to understand the message in the text when reading it without additional help.

Hanc materiam, quam auctor Aesopus repperit, ego polivi versibus senariis...

Above all, readers will not have to look every word up in a dictionary to read a text in the foreign language. This time they will particularly concentrate on their principal interest. These new readers will tackle authentic texts while learning their vocabulary and expressions to use in further communicative (written or oral) situations. This book is the first work from an overall series with the same purpose. It really helps those who are afraid of having "poor vocabulary" feel unconfident about reading directly in the language. To all of them, welcome to the amazing experience of living a foreign language.

Table of Contents

Czerwony Kapturek

Czerwony — Kapturek
Red — Little Hood

Dawno — dawno — temu, — była — sobie — słodka, — mała
(A) long (time) — (A) long (time) — ago — (there) was {feminine} — herself — (a) sweet — little

dzieweczka, — którą — każdy — pokochał, — kto — ją — tylko — zobaczył,
girl {archaic} — which / that everyone fell in love with — each — loved — who — her — only — saw / as soon as they saw her

a — najbardziej — kochała — ją — babcia, — która
and — (the) most — (she) loved — her — (her) grandmother — which (who)

nie wiedziała — wprost, — co — jeszcze — jej — dać. — Pewnego
not knew / did not know — directly — what — still (more) — (to) her — give — (A) certain

razu — podarowała — jej — kapturek — z — czerwonego
time — (she) gifted — her — (a) little hood — made of — red

aksamitu, — a — ponieważ — bardzo — ładnie — jej — leżał,
velvet — and — because — very — pretty — (to) her — laid / it looked very pretty on her

nie — chciała — nosić — niczego — innego. — Odtąd
not — (she) wanted / did not want — (to) wear — anything — different (else) — From this moment forth

nazywano — ją — więc — Czerwonym — Kapturkiem. — Pewnego — razu
called — her — so — Red — Little Hood — (A) certain — time

matka — powiedziała — do — dziewczynki. — "Chodź,
(the) mother {little mother - mom} — said — to — (the) girl — Come

Czerwony — Kapturku, — masz — tu — kawałek — placka — i
Red — Little Hood — (you) have — here — (a) piece — cake — and

butelkę — wina. — Babcia — bardzo — się — ucieszy — jak
(a) bottle — (of) wine — Grandmother — very — herself — (will be) happy — if/when

1

to	do	niej	zaniesiesz,	bo	słaba	jest	i
this	to	her	will bring	because	weak	(she) is	and

niedomaga.	Ruszaj	w	drogę	nim	nastanie	upał,
ails (is ailing)	move	in	road	before	will happen	sweltering heat

Get moving

a	idź	ładnie	i	nie	zbaczaj	z	drogi,	bo
and	go	nicely	and	not (do not)	veer (stray)	from	(the) road	because

inaczej	sobie	kark	utrącisz	i	babcia
otherwise	yourself	neck	will break	and	Grandmother

niczego	nie	dostanie.	A	gdy	wejdziesz	do	izby,
nothing	not	get	And	when	you) will go in	to	(the) chamber

will get nothing

nie	zapomnij	powiedzieć	Dzień	Dobry	i
not (do not)	forget	(to) say	Good	Morning	and

nie	rozglądaj	się	po	wszystkich
no	look around	yourself	after	all

kątach."
corners

do not stick your nose everywhere

"Wszystko	będzie	dobrze,"	powiedział	Czerwony
Everything	will	(be) good	said	Red

{Red Hood - masculine}

Kapturek	z	ręką	na	sercu.	Babcia	mieszkała	w
Little Hood	with	hand	on	heart	Grandmother	lived	in

lesie,	jakieś	pół	godzinki	od	wioski.	Gdy
(the) forest	some	half	(an) hour	from	(the) village	When

dziewczynka	szła	przez	las,	spotkała	wilka,
(the) girl	(was) walking	through	(the) woods	(she) met	(a) wolf

a	ponieważ	nie	wiedziała,	że	to	takie	złe	zwierzę,
and	because	no	(she) knew	that	this	such	bad	animal
		she did not know						

wcale	się	go	nie
at all	herself	him	no

bała.
afraid

and was not afraid of him at all

"Dobrego	Dnia,	Czerwony	Kapturku,"	powiedział.
Good	Day	Red	Little Hood	(he) said

"Piękne	dzięki,"	odrzekł	Czerwony	Kapturek.
Beautiful	thanks	replied	Red	Little Hood
		{Red Hood - masculine}		

"A	gdzież	to	tak	wcześnie,	Czerwony	Kapturku?"
And	whereto	this	so	early	Red	Little Hood

"Do	babci."
To	Grandmother's

"A	co	niesiesz	pod	fartuchem?"
And	what	(are you) carrying	under	(your) apron

"Placek i wino. Wczoraj go z Mamą upiekłyśmy i
(Cake and wine. Yesterday it with Mother (we) baked and

na pewno chorej babci dobrze zrobi, a wino ją
on certain / certainly sick grandmother good will do and wine her

wzmocni."
will strengthen

"Czerwony Kapturku, a gdzie mieszka twoja babcia?"
Red Little Hood and where lives your grandmother

"Mieszka w lesie, pod trzema wielkimi dębami, w
(She) lives in (the) forest under three huge oak trees in

domku otoczonym leszczynowym żywopłotem, jakiś
(a small) house surrounded (by) hazel hedge some

kwadrans stąd, na pewno wiesz gdzie,"
quarter from here on certain (certainly) (you) know where

powiedział Czerwony Kapturek.
said {Red Hood - Masculine} Red Little Hood

A wilk pomyślał sobie: "To młode delikatne
And (the) wolf thought (to) himself This young delicate

stworzenie, ten tłuściutki kąsek będzie jeszcze lepiej
creature this chubby morsel willl be still (even more) better

smakował niż starucha. Musisz je sprytnie podejść,
tasting than (the) old lady (You) have to her cleverly approach

żeby obie zjeść."
in order to both eat

4

Wilk (The) wolf szedł was walking przez through (on) chwilę (for a) while z with Czerwonym Red

Kapturkiem, Little Hood po after czym which powiedział: (he) said "Popatrz, Look jakie what piękne beautiful

kwiaty flowers rosną are growing wokół around nas... us Czemu Why się yourself nie not
Why don't you

rozejrzysz... look around Widzę, (I) see że that nie no (you don't) słyszysz, hear jak how ptaszki (the) birdies

słodko sweetly śpiewają. are singing Idziesz (You) are walking tak, so jakbyś as if (you) szła we're walking do to

szkoły, school a and przecież in fact w in lesie (the) forest jest is tak so wesoło." joyful

Czerwony Red Kapturek Little Hood {Red Hood - masculine} otworzył opened oczy (her) eyes i and zobaczył, saw

jak how promienie beams słońca (of the) sun tańczą are dancing poprzez through liście (the) leaves

drzew (of the) trees i and że that wszystko everything pełne full jest is pięknych (of) beautiful kwiatów. flowers

Pomyślał (He) thought {Red Hood - masculine} wtedy: then "Babci (To) grandmother na on pewno certain certainly zrobi will make

się itself miło, nice jak if jej (to) her przyniosę (I) will bring świeży (a) fresh bukiet. bouquet Mam (I) have

wystarczająco enough czas, time żeby to zdążyć", make it (on time) i and wtedy then

zboczył (he) veered {Red Hood - masculine} z from (off) drogi, (the) road ruszył moved w into las (the) forest i and

5

szukał	kwiatków.	A	gdy	zerwał	jednego,	pomyślał
looked (for)	flowers	And	when	ripped off (picked)	one	(he) thought

zaraz	sobie,	że	troszkę	dalej	rośnie	jeszcze
in a moment	(to) himself	that	(a) little	further	grows	still (even)

piękniejszy	i	biegł	w	jego	kierunku	zapuszczając	się
more beautiful	and	ran	in	his (its)	direction	venturing	himself

coraz	to	głębiej	w	las.	A	wilk	szedł
more and more	this	deeper	into	(the) forest	And	(the) wolf	was walking {masculine}

prosto	do	domu	babci.	Zapukał	do	drzwi.
straight	to	(the) home	(of) grandmother	(He) knocked	to (on)	(the) door

"Kto	tam?"
Who	there

"Czerwony	kapturek	z	plackiem	i	winem.	Otwórz."
Red	Little Hood	with	cake	and	wine	Open

"Naciśnij	tylko	na	klamkę,"	zawołała	babcia,	"Jestem
Press	only	on	door handle (door knob)	called {feminine}	grandmother	I am

tak	słaba,	że	nie	mogę	wstać."
so	weak	that	no	can	get up
			I can not		

Wilk	nacisnął	na	klamkę,	a	drzwi	stanęły
(The) wolf	pressed	on	(the) door handle	and	(the) doors	stood

otworem.	Nie	mówiąc	słowa	podszedł	prosto	do	łóżka
open	No (Not)	saying	(a) word	(he) went	straight	to	(the) bed

6

babci i połknął ją. Potem włożył jej ubrania,
(of) grandmother / and / swallowed / her / After / (he) put on / her / clothes

włożył czepek, położył się do jej łóżka i zasunął
(he) put on / (a) bonnet / laid / himself / to / her / bed / and / drew

zasłony.
(the) curtains

A Czerwony Kapturek biegał za kwiatkami. Gdy
And / Red / Little Hood / was running / after / flowers / When

w końcu miał ich tyle, że więcej nie mógłby
in / (the) end / (he) had / them / so many / that / more / no / could
finally / / / / / / / / could not

unieść, przypomniała mu się babcia. Ruszył więc
carry / (she) remembered / him / herself / grandmother / (He) Moved / so

w drogę do niej. Zdziwił się, że drzwi były
in / road / to / her / Surprised / herself / that / (the) doors / were

otwarte, a gdy wszedł do izby, zrobiło mu
open / and / when / (he) went / to / (the) chamber / made / him

się jakoś dziwnie i pomyślał: "O mój Boże,
himself / somehow / odd / and / (he) thought / Oh / my / God

jakoś mi tu dziś strasznie, a zawsze tak chętnie
somehow / (to) me / here / today / awfully / and / always / so / willingly

chodzę do babci." – po czym zawołał: "Dzień
(I) go / to / grandmother's / / after / which / called / Good

Dobry," lecz nie usłyszał odpowiedzi. Podszedł
Morning / however / no / heard / (an) answer / (He) walked up to
/ / did not hear / / {Red Hood - masculine}

więc do łóżka i odsunął zasłony. Leżała tam
so / to / (the) bed / and / pushed aside / (the) curtains / Was laying / there
/ / / / / / {feminine}

7

babcia   z   czepkiem   głęboko   nasuniętym   na   twarz
grandmother   with   (a) bonnet   deeply   pulled down over   on   face

i   wyglądała   jakoś   dziwnie.
and   was looking   somehow   odd

"Och,   babciu,   dlaczego   masz   takie   wielkie   oczy?"
Oh   grandmother   why   (you) have   such   huge   eyes

"Abym   cię   lepiej   mogła   widzieć."
So that I   you   better   can   see
{aby+m}

"Och,   babciu,   dlaczego   masz   takie   wielkie   ręce?"
Oh   grandmother   why   (you) have   such   huge   hands

"Abym   cię   lepiej   mogła   trzymać"
So that I   you   better   can   hold
{aby+m}

"Ale   dlaczego   masz   tak   strasznie   wielki   pysk?"
And   why   (you) have   so   awfully   huge   muzzle

"Abym   cię   lepiej   mogła   zjeść!"
So that   you   better   can   eat
{aby+m}

Ledwo to powiedział, wyskoczył z łóżka i połknął
Barely this (he) said (he) jumped from (the) bed and swallowed

biednego Czerwonego Kapturka.
poor Red Little Hood

Gdy wilk zaspokoił już swoje łaknienie, z
When (the) wolf satisfied already his appetite from

powrotem położył się do łóżka, zasnął i zaczął
returned (he) laid himself to bed fell asleep an (he) started

strasznie głośno chrapać. Koło domu przechodził
awfully loudly to snore Around (the) home was walking by

właśnie myśliwy i pomyślał sobie: "Ależ ta stara
just (a) hunter and (he) thought (to) himself But how that old

kobieta chrapie. Muszę zobaczyć, czy coś jej nie
woman snores (I) must see if something her no
(is not)

dolega." Wszedł więc do izby, a kiedy
ailing (He) walked into so to (the) chamber and when

stanął przed łóżkiem, zobaczył w nim wilka.
(he) stood in front of (the) bed (he) saw in him (the) wolf
{bed - masculine}

"Tu cię mam, stary grzeszniku," powiedział, "długo cię
Here you (I) have old sinner (he) said long you

szukałem," i już chciał chwycić za swoją flintą,
(I) have looked for and already wanted (to) grab for his shotgun

gdy przyszło mu do głowy, że przecież wilk
when came him to head that as a matter of fact (the) wolf
it occurred to him

mógł pożreć babcię i może dałoby się
could have gobbled up grandmother and maybe it would be given itself
(it would be possible)

9

ją jeszcze uratować. Dlatego nie strzelił, lecz wziął
her still save That is why no shot however (he) took
he did not shoot

nożyce i zaczął rozcinać brzuch śpiącemu
scissors and (he) started cutting open (the) stomach (of the) sleeping

wilkowi. Po paru nacięciach, wyskoczyła dzieweczka
wolf After (a) couple incisions jumped out (the) girl
{feminine}

wołając: "Ach, jak się bałam. Tak ciemno było w
calling out Oh how myself was scared So dark (it) was in

brzuchu wilka!" a potem wyszła babcia, żywa,
(the) stomach (of the) wolf and after came out grandmother alive

choć nie mogła jeszcze złapać oddechu. Czerwony
however no could still catch (her) breath Red
she could not (yet)

Kapturek szybko przyniósł kamienie i wypełnili
Little Hood quickly brought stones and (they) filled up

nimi brzuch wilka. Kiedy się obudził,
with them (the) stomach (of the) wolf When himself awoke

chciał wyskoczyć z domu, lecz kamienie były tak
(he) wanted to jump out of (the) house however (the) rocks were so

ciężkie, że zaraz martwy padł na ziemię.
heavy that at that moment dead fell on (the) ground

I wszyscy byli zadowoleni. Myśliwy ściągnął z
And all were pleased (The) hunter pulled off from

wilka skórę i poszedł z nią do domu,
(the) wolf skin and went with her to home
{skin - feminine}

babcia zjadła placek i wypiła wino, które je
grandmother ate (the) cake and drank (the) wine which it

10

Czerwony Kapturek przyniósł, i wyzdrowiała, a
Red   Little Hood   brought   and   healed   and

Czerwony Kapturek pomyślał sobie: "Do końca życia
Red   Little Hood   (he) thought   (to) himself   To   (the) end   of life
   she thought to herself

nie zboczysz sama z drogi i nie pobiegniesz
no   will veer   by yourself   from   (the) road   and   no   will run
do not veer   do not run

w las, gdy ci mama zabroni.
into   (the) forest   when   to you   Mom   will forbid

Powiadają też, że kiedyś, gdy Czerwony Kapturek
(They) say   also   that   once   when   Red   Little Hood

znowu niósł babci wypieki, zagadnął go
again   was carrying   to grandmother   baked goods   chatted up   him
   (her)

inny wilk i próbował go sprowadzić z drogi.
another   wolf   and   was trying   him   to lead   off   (the) road
   (her)

Czerwony Kapturek miał się jednak na baczności,
Red   Little Hood   had   himself   however   on   attention
   was on guard

poszedł prosto do babci i powiedział jej, że
(he) went   straight   to   grandmother   and   (he) said   (to) her   that
(she went)   (she said)

spotkał wilka, co to mu dobrego dnia życzył, ale
(he) met   (a) wolf   what   this   (to) him   (a) good   day   wished   but
(she met)   {masculine}

mu źle z oczu patrzyło: "Gdyby to nie było
him   bad   from   eyes   was looking   If   this   no   was
(her)   was not

na środku drogi, to by mnie pożarł." – "Chodź,"
on   middle   road   this   would   me   gobble up   Come
in the middle of the road   (then)

powiedziała babcia, "Zamkniemy drzwi, żeby nie
said   grandmother   (We) will close   (the) door   in order to   no
   (so)

mógł wejść." Wkrótce potem zapukał wilk i
(he) is able to come in Soon after knocked (the) wolf and
{masculine}

zawołał: "Otwórz, babciu, to ja, Czerwony Kapturek,
called out Open grandmother this me Red Little Hood

przynoszę ci ciasto." Lecz one były cicho i nie
(I) am bringing you cake But they were quiet and no
{feminine} (not)

otwierały drzwi. Wilk wtedy obszedł cicho
opening (the) door (The) wolf then went around quietly
{feminine plural}

parę razy dom i wskoczył na dach.
(a) couple times (the) house and jumped onto (the) roof

Planował tam czekać do wieczora, gdy Czerwony
(He) planned there (to) wait to evening when Red
(until)

Kapturek będzie wracał do domu, skraść się
Little Hood will be coming back to home sneak up himself
{Red Hood - masculine}

za nim i w ciemności go pożreć. Ale babcia
behind him and in (the) darkness him gobble up But grandmother
(her)

przewidziała jego plany. Przed domem stało wielkie
foresaw his plans In front (of the) house stood (a) huge

kamienne koryto. Babcia powiedziała do dziecka: "Weź
stone trough Grandmother said to (the) child Take
{feminine}

wiadro, Czerwony Kapturku. Wczoraj gotowałam
(the) bucket Red Little Hood Yesterday (I) was cooking
{feminine}

kiełbasę w tej wodzie, Zanieś ją do koryta."
sausage in this water Carry her to (the) trough
{water - feminine}

Czerwony Kapturek nosił wodę tak długo,
Red Little Hood was carrying (the) water so long
{Red Hood - masculine}

aż koryto było pełne. Wtedy zapach kiełbasy
until (the) trough was full Then (the) smell (of the) sausage

zaczął unosić się do góry wilkowi przed nosem.
started to rise itself to (the) top (to the) wolf in front of (his) nose
                  up

Zaczął węszyć i łypać oczami w dół, wreszcie
(He) started to sniff and peer (with) eyes in down finally

tak wyciągnął szyją, że dach zaczął usuwać
in such a way stretched (his) neck that (the) roof started removing

mu się spod nóg, spadł z dachu,
(from) him itself from under (the) legs (he) fell from (the) roof

dokładnie do wielkiego koryta z wodą i utopił
exactly to (the) huge trough with water and drowned
      (into)

się. Czerwony Kapturek zaś wesoło poszedł do
himself Red Little Hood however happily went to

domu, nikt więcej nie czynił mu nic złego.
home no one more no did him nothing bad
                      harmed her

13

Roszpunka

Roszpunka
Lamb's lettuce
(Rapunzel - Roszponka - lamb's lettuce)

Dawno	temu,	w	pewnej	krainie,	marzyli	o	dziecku
Long	ago	in	(a) certain	land	dreamed {plural}	about	(a) child

mąż	i	żona.	Niestety,	na	marzeniach	pozostało.
(a) husband	and	wife	unfortunately	on (by)	dreams	(it) stayed

Wreszcie	żona	znalazła	powód	do	nadziei,	że	Bóg
Finally	(the) wife	found	(a) reason	to (for)	hope	that	God

spełni	ich	życzenie.	Ludzie	ci	mięli	w	oficynie
will fulfill	their	wishes	People	these	had {plural}	in	(the) annex

małe	okienko,	przez	które	mogli	dojrzeć
(a) small	little window	through	which	(they) could	glimpse

wspaniały	ogród,	a	był	on	pełen	najpiękniejszych
(a) wonderful	garden	and	was / it was	he	full	(of the) most beautiful

kwiatów	i	ziół.	Wokół	ogrodu	był	wysoki	mur,
flowers	and	herbs	Around	(the) garden	(there) was	(a) tall	wall

przez	który	nikt	nie	ważył	się	przejść,	bo
through	which	no one	no	dared	himself	walk through	because

należał	do	pewnej	czarownicy.	Miała	ona	wielką
(it) belonged	to	(a) certain	sorceress/witch	(She) had	she	(a) huge

moc	i	bał	się	jej	cały	świat.	Pewnego
power	and	was scared {masculine}	himself	(of) her	(the) whole	world	(a) certain

dnia	żona	stanęła	przed	oknem	i	spojrzała	na
day	(the) wife	stood {feminine}	in front of	(the) window	and	(she) glanced	on

ogród. Zobaczyła grządkę obsadzoną najpiękniejszą
(the) garden (She) saw (a) flower bed planted with (the) most beautiful

w świecie roszpunką. Wyglądała tak zielono i
in (the) world lamb's lettuce (She) looked so green and
{lamb's lettuce - feminine}

świeżo, że poczuła nieodpartą ochotę jej skosztować.
fresh that (she) felt (an) irresistible desire her taste

Pragnienie rosło z dnia na dzień, lecz wiedziała,
(The) desire grew from day on day however (she) knew

że roszpunki nijak nie dostanie, podupadła,
that (the) lamb's lettuce no how no will get (she) weakened

zrobiła się blada i zabiedzona. Wystraszył się
(she) became herself pale and emaciated (He) got scared himself

jej mąż i rzekł:
her husband and declared

"Co ci dolega, żono?"
What you is ailing wife

"Ach," odpowiedziała, "Jeśli nie dostanę roszpunki
Oh (she) answered If no will get (the) lamb's lettuce
(I don't)

z ogrodu za naszym domem, umrę."
from (the) garden behind our home (I) will die

Mąż kochał ją. Pomyślał: "Przynieś żonie
(The) husband (he) loved her (He) thought Bring (to) wife

roszpunki nim zemrze, choćby za wszelką cenę."
lamb's lettuce before (she) dies even if for any cost

15

O zmierzchu wspiął się na mur i znalazł
At dusk (he) climbed himself on (the) wall and (he) found

się w ogrodzie czarownicy, naciął w pośpiechu
himself in (the) garden (of the) sorceress/witch (he) cut in (a) hurry

garść roszpunki i zaniósł żonie. Zrobiła z
(a) handful (of) lamb's lettuce and (he) carried (to) wife (She) made from

niej sałatkę i zjadła ją z wielką żądzą. Tak
her (a) salad and (she) ate her with (a) great craving So

bardzo jej zasmakowała, że nazajutrz ochota ta
much her tasted that (the) next day (the) desire this

urosła o trzykroć. Jeśli miała odzyskać pokój duchy,
grew about threefold If (she) had to regain peace (of) spirit

mąż znów musiał zejść do ogrodu. Zszedł
husband again (he) had to go down to (the) garden (He) went down

więc o zmierzchu. Jednak gdy zszedł z muru,
so at dusk However when (he) went down from (the) wall

wystraszył się okrutnie, bo ujrzał przed sobą
(he) got scared himself horribly because (he) saw in front of himself

czarownicę.
(the) sorceress/witch

"Jak śmiesz," rzekła złowrogo patrząc, "schodzić do
How (you) dare said ominously looking coming down to

mego ogrodu i jak złodziej kraść mi roszpunkę?
my garden and like (a) thief to steal my lamb's lettuce

Słono za to zapłacisz!"
Salty for this (you) will pay

16

"Ach;" rzekł mąż, "Niechaj prawo ustąpi przed
Oh said (the) husband let law concede in front of

litością, zrobiłem to z potrzeby. Moja żona
mercy (I) did this from (out of) necessity My wife

dojrzała waszą roszpunkę przez okno i
caught a glimpse (of) your lamb's lettuce through (the) window and

odczuła tak wielkie pragnienie, że by umarła,
(she) felt such (a) great desire that (she) would have died

gdyby nie mogła jej zjeść."
if no (she) could her to eat
(she could not)

Czarownica zlitowała się powiedziała do niego:
(The) sorceress/witch took mercy herself (she) said to him

"Jeśli sprawy tak się mają jako powiadasz,
If issues so themselves are having as (you) are saying
(have)

pozwolę ci zabrać roszpunki, ile zechcesz, ale
(I) will let you to take (the) lamb's lettuce as much (you) like but

pod jednym warunkiem: Oddasz mi dziecko, które
under one condition (You) will give to me (the) child which

za sprawą twej żony na świat przyjdzie. Będzie
in due to your wife on (the) world will come (It) Will be
(by way of)

mu dobrze, a będę się o nie troszczyć jak
him good and (I) will myself about it care for like
(the child)

matka."
(a) Mother

17

Mąż zgodził się w strachu, a gdy przyszła
(The) husband agreed himself in fear and when (she) came

na świat córeczka pary, pojawiła się
on (the) world (a) daughter (of the) couple (she) appeared herself

czarownica nadając dziecku imię Roszpunka i zabrała
(the) sorceress giving (the) child name Lamb's Lettuce and (she) took
(the witch) (Rapunzel)

ją ze sobą.
her with herself

Roszpunka była najpiękniejszym dzieckiem pod
Lamb's Lettuce was (the) most beautiful child under
{feminine}

słońcem. Gdy miała dwanaście lat, zamknęła ją
(the) sun When (she) had twelve years locked her

czarownica w wieży, która znajdywała się w
(the) sorceress in (a) tower which was found itself in
(the witch) {feminine - tower}

lesie, bez schodów ani drzwi. Jedynie małe
(the) forest without stairs either doors Only (a) small
(with neither) (nor)

okno na górze pozwalało czarownicy wspiąć się do
window on (the) top allowed (the) sorceress to climb herself to
(the witch)

góry za pomocą długich włosów
(the) top with (the) help (of the) long hairs
{plural - referring to hair} (hair)

dziewczynki. Gdy czarownica chciała wejść,
(of the) little girl When (the) sorceress wanted to come in
(the witch) {feminine}

stawała pod wieżą i wołała:
(she) would stand under (the) tower and (she) would call

18

Roszpunko, Roszpunko
lamb's Lettuce Lamb's Lettuce

Spuść mi na dół włosy!"
Let down to me on bottom hairs
(hair)

Roszpunka miała wspaniałe, długie włosy, jakby złota.
Lamb's lettuce had wonderful long hairs as if gold
{feminine} (hair)

Gdy słyszała głos czarownicy, rozwiązywała
When (she) heard (the) voice (of the) sorceress (she) was untying
(the witch)

warkocze, zawijała na haku okiennym, a
braids (she) was ravelling on (the) hook (of the) window and

potem włosy spadały dwadzieścia łokci na dół,
after (the) hairs were falling twenty elbows on bottom
(her hair) down

by czarownic mogła po nich wejść.
would (the) sorceress be able to by them come in
(the witch) {feminine} (come up)

Po paru latach zdarzyło się, że przez las
After (a) couple years (it) happened itself that through (the) forest

koło wieży jechał królewicz. Usłyszał śpiew, tak
around (the) tower was riding (a) prince (He) heard (a) singing so
{masculine}

uroczy, że zatrzymał konia i słuchał. To głos
adorable that (he) stopped (the) horse and was listening This voice
{masculine}

Roszpunki tak rozbrzmiewał słodko. Dziewczyna
(of) Lamb's Lettuce so resounded sweetly (The) girl

śpiewała — w — swej — samotności — dla — zabicia — czasu.
was singing {feminine} — in — her — loneliness — for — (the) killing — (of) time

Królewicz — chciał — wejść — na — górę, — szukał — drzwi
(The) Prince — wanted {masculine} — to come in — on — top — (He) looked for — doors

do — wieży, — lecz — nie — mógł — ich — znaleźć. — Pojechał — więc
to — (the) tower — but — no — could (could not) — them — find — (He) rode — so

do — domu. — Lecz — śpiew — tak — poruszył — jego
to — home — However — (the) singing — so — moved {masculine - singing} — his

serce, — że — codziennie — zjawiał — się — w — lesie
heart — that — everyday — (he) was appearing — himself — in — (the) forest

by — posłuchać. — Gdy — raz — stał — za
in order to — listen — When — once — (he) was standing — behind

drzewem, — ujrzał — czarownicę — i — usłyszał — jak
(a) tree — (he) caught a glimpse — (of the) sorceress (the witch) — and — (he) heard — how

woła:
(she) called

"Roszpunko, — Roszpunko
Lamb's Lettuce — Lamb's lettuce

Spuść — mi — na — dół
Let down — to me — on — bottom

włosy!"
hairs
Let your hair down for me

20

Roszpunka	jak	zwykle	spuściła	swoje	włosy,	a
Lamb's Lettuce	like	usual	let down {feminine}	her	hairs (hair)	and

czarownice	weszła	po	nich	na	górę.	"Jeśli	do	drabina,
(the) sorceress (the witch)	came up {feminine}	by	them	on	top	If	this	(the) ladder

po	której	można	wejść	na	wieżę,	to	i	ja
by	which	can	come in	on	(the) tower	this (then)	and	I

szczęścia	spróbuję"	Następnego	dnia,	gdy	robiło	się
luck	will try	(The) Next	day	when	was becoming	itself

już	ciemno,	podszedł	do	wieży	i	zawołał:
already	dark	(he) came up	to	(the) tower	and	called

"Roszpunko, Roszpunko
Lamb's lettuce   Lamb's lettuce

Spuść	mi	na	dół
Let down	to me	on	bottom

włosy!"
hairs
Let your hair down for me

Wnet	włosy	spadły	z	góry,	a	królewicz	wspiął
Shortly	(the) hairs (the hair)	fell {plural}	from	(the) top	and	(the) prince	climbed up

się	po	nich	na	wieżę.
himself	by	them	on	(the) tower

Na początku Roszpunka przeraziła się okrutnie, gdy
On beginning Lamb's Lettuce was terrified herself terribly when
At first {feminine}

wszedł mężczyzna, jakiego jeszcze na oczy nie widziała.
came in (a) man like yet on eyes no seen
{feminine}

Lecz królewicz począł przyjaźnie z nią
However (the) prince began in a friendly way with her
{masculine}

rozmawiać, opowiedział jej, jak jej śpiew poruszył jego
to speak (he) told her how her singing moved his

serce, że nie zaznał odtąd spokoju i
heart that no experienced from that moment peace and
he had not experienced

musiał ją wreszcie ujrzeć. Roszpunka zapomniała o
(he) had to her finally see Lamb's Lettuce forgot about
{feminine}

strachu, a gdy ją zapytał, czy zechce go wziąć
(the) fear and when her (he) asked if (she) would like him to take

za męża, widziała przy tym, że był młody i
as husband (she) saw by this that (he) was young and

powabny, pomyślała sobie: Będzie mnie kochał
charming (she) thought (to) herself (He) will be me to love
{masculine}

bardziej niż starta pani Gotel i rzekła "Tak."
more than old lady Gothel and declared Yes

Złożyła swą dłoń w jego dłoń. "Chętnie z tobą
(She) folded her hand in his hand With pleasure with you

odejdę, ale nie wiem, jak zejść na dół. Gdy
(I) will leave but no (I) know how to go down on bottom When
I do not know

będziesz przychodził, przynoś mi za każdym razem
(you) will be coming bring to me for each time
{masculine}

jedwabnych nici, a uplotę z nich drabinę. Gdy
silky · strings · and · (I) will braid · from · them · (a) ladder · When

ją skończę, zejdę na dół i
her {braid - feminine} · (i) will finish · (i) will come down · on · bottom · and

weźmiesz mnie na swego konia."
(you) will take · me · on · your · horse

Umówili się, że będzie do niej przychodził co
(They) agreed · themselves · that · (he) will be · to · her · coming {masculine} · what (each)

wieczór, bo za dnia przychodziła starucha.
evening · because · for (during) · (the) day · was coming {feminine} · (the) old woman {insulting}

Czarownica nie spostrzegła też niczego, aż Roszpunka
(The) Sorceress (The witch) · not · noticed {feminine} · also · anything (nothing) · until · Lamb's Lettuce

pewnego dnia rzekła: "Powiedzcie mi, panie Gotel, jak
(a) certain · day · declared · Say {formal plural} · to me · Ms. · Gothel · how

to jest, że ciężej mi was wciągać niż
this · is · that · more difficult (heavier) · to me · you {formal - plural} · to pull up · than

młodego królewicza? On w jednej chwili jest u mnie!"
(the) young · prince · He · in · one · moment · is · at · me (my place)

"Ach, ty bezbożne dziecko!" zawołała czarownica.
Oh · you · unholy · child · called · (the) sorceress/witch

"Czego muszą słuchać uszy moje. Myślałam, że ukryła
What · have to {plural} · listen to · ears · my · (I) thought {feminine} · that · (I) hid

cię przed światem, a ty mnie i tak oszukałaś!"
you · in font of (from) · (the) world · and · you · me · also · thus · cheated

23

Opętana złością chwyciła za włosy Roszpunki,
Possessed (by) anger (she) grabbed by (the) hairs (hair) (of) Lamb's Lettuce

owinęła je o swą lewą rękę, a w prawicę
(she) wrapped them around her left hand and in (the) right

chwyciła nożyce i ciach, ciach, odcięła je.
(she) grabbed scissors and snip snip (she) cut off them

Piękne kosmyki leżały na ziemi. Była tak
(The) beautiful strands laid on (the) ground (She) was so

bezlitosna, że zaprowadziła biedną Roszpunkę do
merciless that (she) led poor Lamb's Lettuce to

pustelni, gdzie musiała żyć w wielkiej nędzy.
(a) hermitage where (she) had to live in great misery

Jeszcze tego samego dnia, gdy odtrąciła Roszpunkę,
Still this same day when (she) cast off Lamb's Lettuce
(that)

odcięte włosy przywiązała do okiennego haka, a gdy
(the) cut off hairs (she) tied to (the) window's hook and when
(hair)

przybył królewicz i zawołał:
came (the) prince and (he) called
{masculine}

"Roszpunko, Roszpunko
Lamb's Lettuce Lamb's Lettuce

Spuść mi na dół
Let down (to) me on bottom
włosy!"
hairs
Let your hair down for me

Spuściła więc włosy. Królewicz wszedł na górę,
(She) let down so (the) hairs (The) Prince came in on top
(the hair)

lecz nie znalazł tam ukochanej Roszpunki, a
however no found there (the) beloved Lamb's Lettuce but
did not find

czarownicę, która patrzyła na niego jadowitym i złym
(the) sorceress which was looking on him venomous and evil
(the witch) (who) {feminine} (at)

wzrokiem.
gaze

"Aha," zawołała dziko, "Przychodzisz po swą ukochaną,
Oh (she) called wildly (you) come for your beloved

ale piękny ptaszek nie siedzi już w gnieździe,
but (the) beautiful birdy no sitting anymore in (the) nest
is not sitting

przyszedł po niego kot i tobie też oczy
came for him (a) cat and (to) you also eyes
{masculine} {bird - masculine}

wydrapie. Straciłeś już Roszpunkę, nie ujrzysz
will scratch out (You) lost already Lamb's Lettuce no will see
(you will not)

jej więcej!"
her more
(again)

Królewicz wychodził z siebie z bólu i skoczył
(The) Prince was leaving from himself from pain and (he) jumped
{masculine} was beside himself

w rozpaczy z wieży. Uszedł z życiem, lecz
in desperation from (the) tower (He) escaped with life however

ciernie w które wpadła, wykłuły mu oczy. Błądził
(the) thorns into which (he) fell poked out his eyes (He) wandered

25

ślepy po lesie, żywił się korzonkami i
blind around (the) forest nourishing himself (with) roots and
{masculine}

jagodami. Nie pozostało mu nic jak tylko płacz nad
berries No left him nothing like only crying above
He did not have anything left (but) (over)

utratą ukochanej kobiety. Wędrował parę lat w
(the) loss (of his) beloved woman (He) roamed (a) few years in

nędzy tu i tam, aż wreszcie dotarł do
misery here and there until finally (he) reached to

pustelni, gdzie w żalu mieszkała Roszpunka z
(the) hermitage where in grief lived Lamb's Lettuce with

bliźniętami, które powiła, a był to chłopczyk
(the) twins which (she) gave birth to and was it (a) boy
(it was)

i dziewczynka. Usłyszał głos i wydał mu
and (a) girl (He) heard (a) voice and (it) seemed (to) him

się znajomy. Zbliżył się do niego, a gdy
itself familiar (He) came closer himself to him and when
(a voice) (it - the voice)

był już blisko, rozpoznała go Roszpunka, rzuciła
(it) was already close recognized him Lamb's Lettuce (she) threw
{feminine}

mu się na szyję i zapłakała. Dwie łzy spadły
(to) him herself on neck and cried Two tears fell
{plural}

na jego oczy, zrobiły się przejrzyste i mógł
on his eyes (they) became themselves clear and (he) could

odtąd widzieć jak przedtem. Zabrał ją ze sobą
from now on to see like before (He) took her with himself

do swego królestwa, gdzie przyjęto go z radością i
to his kingdom where received him with joy and

żyli jeszcze długo w szczęściu i radości.
(they) lived still long in fortune and happiness

26

Chata w lesie

Chata   w   lesie
(The) Cabin   in   (the) forest

Pewien   biedny   drwal   mieszkał   z   żoną   i   trzema
(A) certain   poor   lumberjack   lived {masculine}   with   (his) wife   and   three

córkami   w   maleńkiej   chatce   tuż   przy   brzegu
daughters   in   (a) tiny   little cabin   just   by   (the) edge

samotnego   lasu.   Jednego   poranka,   gdy   chciał   odejść
(of the) lonely   forest   One   morning   when   (he) wanted   to leave

do   roboty,   mówi   do   żony:
to   work   (he) says   to   (his) wife

"Przyślij   mi   obiad   przez   najstarszą   dziewczynę   do
Send   me   dinner   by (through)   (the) eldest   girl   to

lasu,   bo   inaczej   nie   zdążę   wykończyć
(the) forest   because   otherwise   no (I will not)   make it (on time)   to complete

wszystkiego.   Ażeby   nie   zmyliła   drogi",   dodał,
everything   In order to   no   confuse   (the) road   (he) added

"wezmę   z   sobą   worek   prosa   i   będę   sypał
(I) will take   with   myself   (a) sack   (of) millet   and   (I) will   be scattering

ziarno   po   drodze."
(the) seed   along   (the) road

Gdy	słońce	stanęło	nad	środkiem	lasu,	dziewczyna
When	(the) sun	stood	over	(the) middle	(of the) forest	(the) girl

z	garnkiem	pełnym	zupy,	puściła	się	w	drogę.
with	(a) pot	full	(of) soup	set off {feminine}	herself	in	road

Ale	wróble	polne	i	leśne,	skowronki,	zięby
But	(the) sparrows	(of the) field	and	(the) forest	little larks	finches

i	czyżyki	wydziobały	już	od	dawna	proso	i
and	siskins	pecked out	already	from	long ago	(the) millet	and

dziewczę	trafić	na	żaden	ślad	nie	mogło.
(the) girl	to find (her) way	on	no	mark	no	could

Szło	więc	na	los	szczęścia	ciągle	przed
(It) was walking {dziecko - child - neutral}	so	on	fate	(of) luck	constantly	in front of (ahead)

siebie,	dopóki	słońce	nie	zaszło	i	nie	zapadła	noc.
herself	until	(the) sun	no	went down	and	no	fell	night

until the sun had gone down

Drzewa	szumiały	w	ciemnościach,	sowy	hukały	i
(The) trees	hummed (whistled)	in	(the) darkness {plural}	(the) owls	hooed	and

strach	zaczynał	dziewczynę	ogarniać.	Aż	oto
fear	was starting	(the) girl	come over	Until	this

spostrzegła	w	oddali	światło	błyszczące	pomiędzy
(she) noticed	in	(the) distance	(a) light	glistening	between

drzewami.	Muszą	tam	ludzie	mieszkać...	pomyślała
(the) trees	Must	there	people	live	(she) thought

sobie	i	poszła	w	kierunku	światła,	sądząc,	że
(to) herself	and	(she) went	in	(the) direction	(of the) light	assuming	that

ją	tam	zatrzymają	na	noc.
her	there	(they) will keep	on	night

let stay for the night

28

Niebawem zbliżyła się do chaty, w której
Soon (she) got close herself to (the) cabin in which

okna były oświetlone. Zastukała, a głos
(the) windows were lit up (she) knocked and (a) voice

ochrypły zawołał ze środka:
raspy called from inside

"Proszę wejść!"
Please come in

Dziewczę wstąpiło na ciemny próg i drzwi otwarło
(The) girl came in on dark threshold and (the) door opened

ostrożnie.
carefully

"Śmiało!" zawołał tenże głos, a gdy otworzyła
Boldly called this there voice and when (she) opened

drzwi szeroko, spostrzegła, że siedzi tam przy
(the) door wide (she) noticed that is sitting there by

stole stary, siwiuteńki człowiek, z twarzą
(the) table (an) old grey person with (a) face
{siwy - endearing suffix}

opartą na obu dłoniach, a jego biała broda
leaning on both hands and his white beard
(resting)

rozpościera się po całym stole, prawie aż do
spreading itself across (the) whole table almost until to

samej ziemi. Pod piecem leżały trzy istoty żywe:
(the) only floor Under (the) furnace were laying three beings alive
(the very)

kogucik, kurka i pstrokata krowa.
(a) little rooster (a) little hen and (a) speckled cow

Dziewczę opowiedziało staremu swoją przygodę i
(The) Girl told (the) old one her adventure and

prosiło o nocleg. Człowiek odrzekł:
was asking about overnight stay (The) Person replied
(for)

"Kogutku, kurko,
Little Rooster little hen

A i ty, krowo,
And and you cow

Co odpowiecie
what (do you) say
{plural}

Na takie słowo?"
On such word(s)

"Duks!" odpowiadało wszystko troje, a miało to
"Duks" Was answering all three and was supposed to this

znaczyć: — Zgoda, my przystajemy.
to mean Agreement we are for this

30

Starzec zagadał znowu:
(The) Old man chatted up again

"Tu jest chata bogata. Idź do pieca i zgotuj
Here is cabin/home wealthy Go to (the) stove and cook
(the furnace)

nam wieczerzę."
us (a) feast

Dziewczyna znalazła przy piecu obfitość wszelkich
(The) Girl found by (the) stove (an) abundance (of) all sorts of
{feminine} (at) (the furnace)

zasobów i przyrządziła dobrą strawę.
resources and prepared (a) good nourishment
(meal)

Ale nie pomyślała o zwierzęta chaty. Zaniosła
But no thought about (the) animals (of the) cabin (She) brought
But she did not think (of the house) (She carried)

pełną misę do stołu, przysiadła się do starca,
(a) full bowl to (the) table (she) sat down herself to (the) old man
(next to)

zaczęła jeść i nasyciła się do woli. Gdy już
started to eat and satiated herself to will When already
{feminine} (at)

miała dość, spytała:
(she) had enough (she) asked

"Mój ojcze, jestem zmęczona, gdzie jest łóżko, na
My father (I) am tired where is (the) bed on

którym mogłabym się położyć i wyspać?"
which (I) could myself lay down and get a good sleep
{feminine}

31

Członkowie   zapomnianego   inwentarza   odrzekli:
(The) Members   (of the) forgotten   inventory   replied

"Bez   nas   jadłaś   ze   starym,
Without   us   (you) ate   with   (the) old man
              {feminine}

Bez   nas   piłaś   do   syta,
Without   us   (you) drank   to   satiated
                          (until)

Idźże   sobie   na   pole,
Go then   yourself   on   (the) field
                    (to)

Tam   twój   nocleg,   i   kwita."
There   your   overnight stay   and   enough
                                (we're even)

Ale   stary   mówi:
But   (the) old man   says

"Wyjdź   tylko   na   schody,   gdy   je   miniesz,
Go out   only   on   (the) stairs   when   them   (you) will pass

trafisz   tam   na   pokój   z   dwoma   łóżkami,
(you) will reach   there   on   (a) room   with   two   beds

32

poruszyć	sienniki	i	pokryj	je	świeżymi
move	(the) pallets	and	cover	them	(with) fresh

prześcieradłami,	to	i	ja	przyjdę	się	tam	położyć."
sheets	this (then)	and	I	will come	myself	there	lie down

Dziewczyna	weszła	na	górę,	a	gdy	sienniki
(The) Girl	went up	on	(the) top	and	when	(the) pallets
	went upstairs					

wzruszyła,	łóżka	świeżo	posłała,	legła	na	jednym	z
moved	(the) beds	freshly	made	rested {feminine}	on	one	of

nich,	nie	czekając	wcale	na	starca.
them	no (not)	waiting	at all	on (for)	(the) old man

Ale	po	niejakiej	chwili,	przyszedł	staruszek,	oświetlił
But	after	(a) certain	time (moment)	came (masculine)	(the) old man	lit up (shone)

dziewczynę	latarką	i	pokręcił	głową.
(the) girl	(with a) flashlight	and	shook {masculine}	(his) head

A	gdy	spostrzegł,	że	twardo	zasnęła,	otworzył
And	when	(he) noticed	that	hard	had fallen asleep {feminine}	(he) opened

drzwi	w	podłodze	i	wpuścił	ją	do	piwnicy.
(the) door	in	(the) floor	and	let in (dropped in)	her	to	(the) basement (the cellar)

Drwal (The) lumberjack   **wrócił** came back {masculine}   **późnym** late   **wieczorem** evening   **do** to   **domu** home   **i** and

zaczął started {masculine}   **robić** to make   **żonie** (to his) wife   **wymówki,** expostulations (complaints)   **że** that   **go** him   **na** on (for)   **cały** (the) whole

dzień day   **pozostawiła** (she) left   **o** about (in)   **głodzie.** hunger

---

"Jam I am {archaic}   **wcale** at all   **nie** no (not)   **winna,"** guilty   **odparła** responded   **żona,** (the) wife   **"dziewczyna** (the) girl

poszła went {feminine}   **ze** with   **strawą** (the) nourishment (the meal)   **i** and   **musiała** had to (must have)   **pewno** surely   **zabłądzić,** gotten lost

ale but   **jutro** tomorrow   **wróci."** will come back

O About (at)   **świcie** dawn   **drwal** (the) lumberjack   **wstał** got up   **i** and   **miał** was supposed to {masculine}   **się** himself

znowu again   **udać** go   **do** to   **lasu,** (the) forest   **zażądał** (he) demanded   **przeto,** therefor   **ażeby** and so/that

żona (his) wife   **wysłała** sent {feminine}   **mu** him   **obiad** dinner   **przez** by   **drugą** second (other)   **córkę.** daughter

34

"Wezmę tym razem worek soczewicy. Jej
(I) will take this time (a) sack (of) lentils Her
{soczewica - feminine}

ziarnka są większe, niż ziarnka prosa i
(the) little seeds are bigger than (the) little seeds (of millet) and

dlatego łatwiej je spostrzeże i drogi nie zmyli."
that is why easier them will notice and (the) road no confuse
will not get lost

W południe, dziewczyna poszła do lasu ze
In (the) afternoon (the) girl went to (the) forest with
{feminine}

strawą, ptaki leśne wybrały wszystkie
(the) nourishment (the) birds (of the) forest chose all
{the meal} (pecked)

ziarnka co do jednego i nie zostawiły z
(the) little seeds what to one and no left with
(that) (each and everyone) {plural} (of)

nich ani śladu.
them not one trace
(either)

Dziewczyna błąkała się po lesie aż do późnej
(The) Girl wandered herself after (the) forest until to late
around

nocy i znowu trafiła na chatę starca,
night and again (she) reached on (the) cabin (of the) old man
stumble down upon

którego poprosiła o schronienie nocny.
who (she) asked about shelter nightly
(for) (for the night)

35

Starzec o białej brodzie, zwrócił się znowu do
(The) old man of white beard turned himself again to

inwentarza pod piecem i pyta:
(the) inventory under (the) stove and asks
(the furnace)

"Kurko, kogutku,
Little hen little rooster

A i ty krowo,
And and you cow

Co odpowiecie
What Will you answer

Na takie słowo?"
On such (a) word

"Duks!" odparły znowu i wszystko stało się tak
Duks responded again and all became again like

samo, jak dnia poprzedniego.
(the) same like (the) day before

Dziewczyna sporządziła dobrą strawę, jadła i
(The) girl prepared (a) good nourishment/meal (she) ate and

piła ze starym, ale nie dała nic
(she) drank with (the) old man but no give nothing
(didn't) {feminine} (anything)

zwierzętom. A gdy się zapytała, gdzie ma się
(to the) animals And when herself (she) asked where has herself
(she is to)

przespać, usłyszała taką odpowiedź z ich strony:
sleep (she) heard such (an) answer from their side

"Bez nas jadłaś ze starym,
Without us (you) ate with (the old) man

Bez nas piłaś do syta,
Without us (you) drank to satiated
(until)

Idźże sobie na pole,
Go then yourself on (the) field
(to)

Tam twój nocleg i kwita."
There your overnight stay and enough
(we're even)

Ale stary wskazał jej nocleg na górze.
But (the) old man showed/pointed to her (the) overnight stay on top
upstairs

Gdy (When) **zasnęła,** ((she) fell asleep) **przyszedł** (came {masculine}) **stary,** ((the) old man {masculine}) **popatrzył** (looked {masculine}) **na** (on/at) **nią,** (her)

pokręcił (shook {masculine}) **głową** ((his) head) **i** (and) **wrzucił** ((he) threw) **ją** (her) **do** (to (into)) **piwnicy.** (basement/cellar)

Na (On) **trzeci** ((the) third) **dzień** (day) **mówi** (says) **drwal** ((the) lumberjack) **do** (to) **żony:** ((his) wife)

"Przyślij (Send) **mi** (to me) **obiad** (dinner) **przez** (by) **trzecie** ((the) third) **dziecko,** (child) **które** (who (which)) **było** (was)

zawsze (always) **dobre** (good) **i** (and) **posłuszne;** (obedient) **z** (with) **pewnością** (certainty) **wytrwa** (endure) **na** (on)

dobrej (good) **drodze** (road) **i** (and) **nie** (no will not go) **pójdzie** (will go) **śladem** ((in the) trace in her sisters' footsteps) **sióstr** (sisters) **swoich."** (hers)

Matka ((The) Mother) **nie** (no did not want) **chciała** (wanted) **zgodzić** ((to) agree) **się** (~~herself~~) **i** (and) **rzekła:** (exclaimed)

"Mam ((I) have) **więc** (so) **stracić** (to lose) **najukochańsze** ((my) most beloved) **dziecko?"** (child)

"Nie (No (Do not)) **bój** (be afraid) **się..."** (~~yourself~~) **odrzekł** (responded) **drwal.** ((the) lumberjack) **"Dziewczyna** ((the) girl)

nie (no (will not)) **zabłądzi,** (get lost) **ma** ((she) has) **ona** (she) **dość** (enough) **sprytu** (smarts) **i** (and) **rozsądku.** (sense)

Wezmę z sobą groch, to przecie ziarno większe jest
(I) will take / with / myself / peas / it / yet / (a) seed / bigger / is

od prosa i od soczewicy. Ono wskaże jej drogę."
from (than) / millet / and / from (than) / lentils / It / will show / her / (the) road

Ale gdy dziewczyna wyszła z koszem na ręce,
But / when / (the) girl / went out {feminine} / with / (a) basket / on hand / in her hand

gołębie leśne już dawno powybierały
(the) pigeons / (of the) forest / already / long ago / picked

ziarnka grochu i biedaczka nie wiedziała, dokąd
(the) little seeds / of peas / and / (the) poor girl / no (not) / knew / whereto

się ma udać.
herself / has / to go

Bardzo ją to zmartwiło, bo ciągle myślała,
Very much / her / this / worried / because / constantly / (she) was thinking

że ojciec będzie głodny, a matka niepokoić
that / (her) father / will be / hungry / and / (her) mother / worry

się zacznie, gdy ona długo nie wróci. W końcu,
herself / will start / when / she / long / no (will not) / come back / In (the) end / At last

gdy mrok zapadł, spostrzegła światło i przyszła do
when / dusk / fell / (she) noticed / (a) light / and / (she) came / to

chaty w lesie. Poprosiła bardzo uprzejmie,
(the) cabin / in / (the) forest / (She) asked / very / politely

ażeby ją przyjęto na noc, a starzec o
in order that / her / (would be) taken in / on night / for the night / and / (the) old man / of

39

długiej, siwej brodzie zwrócił się znowu do zwierząt
long   grey   beard   turned   himself   again   to   (the) animals

swoich pod piecem:
his   under   (the) stove/furnace

"Kurko i kogutku,
Hen   and   rooster

I ty, piękna krowo,
And   you   beautiful   cow

Co mi odpowiecie
What   to me   (you) will answer

Na dziewczyny słowo?"
On   (the) girl's   word
To the girl's request

"Duks!" odrzekły.
Duks   (they) answered

Dziewczyna przystąpiła do pieca, przy którym leżały
(The) Girl   approached   to   (the) stove   by   which   were laying
(the furnace)

zwierzęta, popieściła się z kurką i
(the) animals   (she) snuggled   herself   with   (the) little hen   and

kogucikiem, głaszcząc je po gładkich piórkach;
(the) little rooster   petting   them   by   soft   feathers
   (on)

40

pstrokatą krowę podrapała między rogami. A gdy
(the) speckled cow (she) scratched between (the) horns And when

na polecenie starca, przyrządziła doskonałą zupę i
on order (of the) old man (she) prepared (an) excellent soup and

postawiła misę na stole, rzekła:
put (the large) bowl on (the) table (she) said

"Mam ja jeść sama, a te dobre
(I) have her to eat alone and these good
(I am) {the soup - feminine}

zwierzęta nic nie mają dostać? Na dworze jest
animals nothing no are to get On (the) yard is
are not getting anything

wszystkiego w bród, muszę się wpierw o strawę
everything in dirt (I) must myself first about nourishment
in abundance (meal)

dla nich postarać."
for them to try

Poszła, przyniosła jęczmienia dla kurki i
(She) went brought barley for (the) little hen and
{feminine}

kogutka, a krowie dała soczystego siana.
(the) little rooster and (to the) cow (she) gave juicy hay

"Jedzcie ze smakiem, kochane zwierzątka," rzekła
Eat with taste darling little animals (she) exclaimed
{you -plural}

"a jeżeli macie pragnienie, to dostaniecie także
and if (you) have (the) desire then (you) will get also
{plural} {plural} {plural}

świeżej wody."
fresh water

41

Co   rzekłszy,   przyniosła   kubeł   wody,   a
What   having said   (she) brought   bucket   (of) water   and
(As soon as)

kogucik   i   kurka   wskoczyły   na   brzeg
(the) little rooster   and   (the) little hen   jumped   on   (the) edge
                                {plural}

kubła,   piły   wodę   dzióbkami   i
(of the) bucket   were drinking   water   (with their) little beaks   and
        {plural}

podnosiły   łebki   do   góry,   jak   to   ptaki   piją,   a
raised up   little heads   to   top   like   that   birds   drink   and
{plural}   up   (in the way)

i   pstrokata   krowa   wciągnęła   w   siebie   łyk   potężny.
and   (the) speckled   cow   pulled in   in   herself   (a) gulp   huge

Po   nakarmieniu   zwierząt   dziewczyna   usiadła   do
After   feeding   (the) animals   (the) girl   sat down   to
                                              (at)

stołu   i   zjadła   to,   co   jej   stary   zostawił.
(the) table   and   (she) ate   this   what   (for) her   (the) old man   left
                            (that)

Niebawem   kogucik   i   kurka   wtuliły
Shortly   (the) little rooster   and   (the) little hen   snuggled (into)

łebki   pomiędzy   skrzydełka,   a   pstrokata   krowa
(their) little heads   between   little wings   and   (the) speckled   cow

mrużyła   tylko   ślepie.
squinted   only   (sweet) little eye
{feminine}

Wtedy   dziewczyna   spytała:
Then   (the) girl   asked
                      {feminine}

"Czy my nie pójdziemy
What we no will go
spać?"
to sleep
Are we not going to sleep

"Kogutku, kurko,
Little rooster little hen

Krowo, kochanie,
Cow (my) darling

Co odpowiecie,
What will you answer

Na to pytanie?"
On (to) this question

"Duks!" odpowiedziały zwierzęta.
Duks (they) answered (the) animals

"Z nami jadłaś, z nami piłaś,
With us (you) ate with us (you) drank

A że dla nas dobrą byłaś,
And because for us good (you) were

Więc gdy szukasz tu pomocy,
So when (you) are looking for here help

My ci życzymy dobrej nocy."
We you wish good night
{plural}

Więc poszła dziewczyna po schodach na górę,
So went (the) girl by (the) stairs on top
{feminine} up

wzruszyła sienniki i poduszki, dała świeżą pościel,
(she) moved (the) pallets and pillows gave fresh sheets
{feminine}

a gdy już było wszystko gotowe, przyszedł
and when already (there) was everything ready came
{masculine}

stary, położył się na jednym z łóżek, a
(the) old man laid down himself on one of (the) beds and
{masculine}

wielka broda sięgała mu aż do stóp.
(the) great beard was reaching (to) him until to feet
down to his feet

Dziewczyna położyła się na drugim łóżku, zmówiła
(The) girl laid down herself on (the) second bed said
{feminine}

pacierz i zasnęła.
prayer and (she) fell asleep

Spała spokojnie aż do północy. Wtem zacząć
(She) fell asleep peacefully until to midnight At that moment started

się taki hałas w domu, że się obudziła.
itself such (a) noise in (the) house that herself woke up

44

Wszystko zaczęło dygotać, drzwi rozwarły się z
Everything started to dither (the) doors opened themselves with

trzaskiem i uderzyły o ścianę, ganek zachwiał
(a) slam and (they) hit against (the) wall (the) porch wobbled

się, schody zatrzeszczały, aż nareszcie zrobił się
itself (the) stairs creaked until finally (there) made itself

taki huk, jak gdyby się cały dach zapadł.
such (a) bang like as if itself (the) whole roof caved in

Ponieważ jednak wkrótce uspokoiło się wszystko i
Because however soon calmed down itself everything and

dziewczynie nie stało się nic złego, leżała więc
(to the) girl no happened itself nothing bad (she) laid so
nothing bad happened

spokojnie i zasnęła znowu. Gdy nazajutrz
peacefully and (she) fell asleep again When on after morning

przebudziła się, był dzień jasny, ale cóż ujrzała!?
woke herself (it) was day clear but what (she) saw
(did she see)

Leżała w wielkiej sali i wszystko dokoła tchnęło
(She) lay in (a) large hall and all around radiated

królewskim przepychem. Na ścianach rosły na
(with a) regal glamour On (the) walls (we're) growing on

zielonym tle złote kwiaty.
(a) green background gold flowers

Łóżko było z kości słoniowej, kołdra z
(the) bed was from bone of elephant (the) cover from
ivory

czerwonego aksamitu, a na krześle obok stały
red velvet and on (the) chair beside were standing

pantofelki wspaniałe, wyhaftowane perłami.
little high heeled shoes magnificent embroidered (with) pearls

Dziewczyna myślała, że to sen, ale weszło trzech
(the) girl thought that this (a) dream but came in three
(it is) {plural}

służących, bogato ubranych, którzy spytali o rozkazy.
servants richly dressed who asked about orders

"Wyjdźcie sobie tylko," odrzekła dziewczyna. "Ja zaraz
Go out yourselves only answered (the) girl I shortly
{You - plural}

wstanę i nagotuję zupy dla wszystkich i
(I) will get up and (I) will cook up soup for everyone and

nakarmię śliczną kurkę, ślicznego kogutka i
(I)will feed (the) beautiful little hen (the) beautiful little rooster and

śliczną pstrokatą krówkę."
(the) beautiful speckled cow

Myślała, że starzec już wstał i spojrzała
(She) thought that (the) old man already got up and (she) glanced
(had gotten up)

na jego łóżko, ale zamiast niego ujrzała tam obcego
on his bed but instead (of) him (she) saw there (a) foreign
(at) (a strange)

46

mężczyznę. Gdy mu się bardziej przyjrzała, zauważyła,
man / When / him / herself / more / (she) looked at / (she) noticed

że był młody i piękny.
that / (he) was / young / and / beautiful

Człowiek ten obudził się, podniósł głowę i rzekł:
(The) person / this / woke up {masculine} / himself / raised {masculine} / (his) head / and / said

"Jestem synem królewskim i byłem zaczarowany przez
(I) am / (the) son / royal / and / (I) was / cursed / by

pewną wiedźmę w starego, siwiuteńkiego staruszka w
(a) certain / witch / into / (an) old / grey / little old man / in

lesie. Nikogo nie mogłem mieć przy sobie oprócz
(the) forest / No one / no / could / have / by / myself / except
could not

trojga ze służby, zmienionych w koguta, kurę i
three / from / (the) servants / changed / into / (a) rooster / (a) hen / and

krowę. Zaklęcie miało być zdjęte nie wcześniej,
(a) cow / (The) curse / was supposed to / be / taken off / no / sooner

aż zjawi się u nas dziewczyna tak dobrego
until / appeared / herself / at us / (a) girl / of such / good
at our home

serca, że nie tylko okaże swą życzliwość ludziom,
heart / that / no only / demonstrate / her / generosity / (to) people
not only

ale i zwierzętom. Tą dziewczyną ty jesteś! Dziś
but / and / animals / This {feminine} / girl / you / are / Today

o północy zostaliśmy zwolnieni z czarów przez
at / midnight / (we) became / freed / from / (the) spells / by

47

ciebie, a stara chata w lesie zamieniła się
you   and (the) old cabin in (the) forest changed itself
                                           {feminine}

znowu w mój pałac królewski."
again into my palace royal

Gdy oboje wstali, syn króla powiedział teraz
When both got up (the) son (of the) king said now
         {plural}   {masculine}

lokajom, że mają przywieźć ojca i matkę
butlers that (they) are to bring father and mother

dziewczyny na uroczystość jej zaślubin.
(of the) girl on celebration (of) her wedding
           (for the)

"Ale gdzie są moje dwie siostry?" spytało dziewczę.
But where are my two sisters? asked (the) girl

"Zamknąłem je w piwnicy, a jutro mają być
(I) locked them in (the) cellar and tomorrow (they) are to be

wyprowadzone do lasu i mają służyć u
taken out to (the) forest and (they) are to serve at

węglarza dopóty za proste służący,
(the) coal-man's until as simple servants
                as

dopóki się nie   i nie nauczą
until themselves no   and no learn
poprawią   and until they learn
will improve
until they improve themselves

miłosierdzia dla biednych zwierząt."
mercy   for poor animals

48

Jaś i Małgosia

Jaś   i   Małgosia
Johnny and   Maggie
Hansel and Gretel

W	pewnej,	dalekiej	krainie,	za	ogromnym	lasem,
In	(a) certain	far away	land	behind	(a) great	forest

mieszkał	biedny	drwal	wraz	ze	swoją	żoną	i
lived {masculine}	(a) poor	lumberjack	along	with	his	wife	and

dwojgiem	dzieci;	chłopczyk	nazywał	się	Jaś,	a
two	children	(the) boy	was called	himself	John	and

dziewczynka	Małgosia.	Nie	miał	co	do	gara	włożyć
(the) girl	Margaret	No he did not have	had	what anything to feed	to his	(the) pot family	to put in with

ani	bochenka	by	się	nim	przełamać,	a	pewnego
nor	(a) loaf	would	himself	with it	to break	and	(on a) certain

dnia,	gdy	kraj	nawiedziła	drożyzna,	nie	mógł
day	when	(the) country	was striken	(with) high prices	no	could he could not

zarobić	na	chleb	powszedni.
make money (earn money)	on	bread for the daily	daily bread

Kiedy	tak	leżał	wieczorem	w	łóżku	zastanawiał
When	so	was laying {masculine}	(in the) evening	in	bed	(he was) wondering

się	nad	swoim	życiem,	a	z	trosk	przewracał
himself	over (about)	his	life	and	from	worries	(he was) turning

się	z	boku	na	bok,	westchnął	i	powiedział	do
himself	from	side	on (to)	side	exhaled	and	said	to

49

swojej żony: "Co z nami będzie? Jak wykarmimy
his   wife   What   with   us   will be   How   will (we) feed

nasze biedne dzieci, kiedy sami nic nie mamy?"
our   poor   children   when   alone   nothing   no   have
                           (we ourselves)   do not have anything

"Wiesz co, mężu," odparła żona, "Jutro wczesnym
(You) know   what   husband   said   (the) wife   Tomorrow   early

rankiem wyprowadzimy dzieci do najgęstszego
morning   (we) will take out   (the) children   to   (the) thickest

odcinka lasu, rozpalimy im ogień i damy
part   (of the) forest   (we) will light   for them   (a) fire   and   (we) will give

każdemu po kawałku chleba. Potem zabierzemy się
each   by   piece   (of) bread   After   (we) will take   ourselves
        each one a piece

do roboty, a dzieci zostawimy same. Nie znajdą
to   work   and   (the) children   (we) will leave   alone   No   will find
                                             they will not find

drogi do domu, a my będziemy od nich wolni."
(the) way   to   home   and   we   will be   from   them   free

"Nie żono," powiedział mąż, "nie zrobię tego,
No   wife   said   (the) husband   no   will do   that
                               I will not do

bo serce mi pęknie z żalu, że dzieci w
because   heart   to me   will burst   from   grief   that   children   in

lesie zostawiłem, aby wnet rozszarpały je
(the) forest   (I) left   in order to   soon   ripped apart   them
           {masculine}

dzikie zwierzęta."
wild   animals

"Ty głupcze," powiedziała, "W takim razie
You idiot said In such case
{feminine}

we czworo zdechniemy z głodu. Możesz zacząć
in four (we) will die from hunger (You) can start
all four of us will die

heblować dechy na trumny," i nie dawała mu
planing wood panels for coffins and no was giving him
(wood shaving) she did not give

spokoju aż się zgodził.
peace until himself agreed
he agreed

"Ciągle żal mi biednych dziatek," rzekł
Still (I) feel sorry myself (the) poor little children said
I feel sorry for

mąż.
(the) husband

Dzieci z głodu nie mogły zasnąć i słyszały,
(The) children from hunger no could fall asleep and (they) heard
could not

co macocha powiedziała do ojca. Małgosia
what (the) stepmother said to (the) father Maggie
{feminine}

wylewała gorzkie łzy i rzekła do Jasia:
shed bitter tears and said to Johnny
{feminine}

"Już po nas."
Already after us
We are done for

51

"Cicho, Małgosiu!" powiedział Jaś, "Coś na to
Quiet Maggie said John Something on this
{masculine}

poradzę."
(I) will figure out

A kiedy starzy zasnęli, wstał, założył swój
And when (the) old folks fell asleep (he) got up put on his
{masculine}

surdut, otworzył dolne drzwi i cichaczem wykradł
coat opened (the) bottom doors and sneakily snuck out
{masculine} (quietly) {masculine}

się z domu. Księżyc świecił jasno, a białe
himself from home (The) moon was shining brightly and (the) white
{maculine}

krzemowe kamyczki, które leżały przed domem,
silicic stones which were laying in front of (the) house

świeciły, jak pieniążki. Jaś schylił się i
were sparkling like coins Johnny bent over himself and
{masculine}

napchał ich tyle do kieszeni surduta, ile się
stuffed them so many to (the) pocket (of his) coat as many itself
{masculine}

dało, po czym wrócił i powiedział do Małgosi
would do after which (he) came back and (he) said to Maggie

"Nie martw się droga siostrzyczko i spokojnie śpij.
No worry yourself dear little sister and peacefully sleep
(Do not)

Dobry Bóg nas nie opuści." I położył się
Good God us no will leave And (he) laid down himself
will not leave

z powrotem do swojego łóżka.
from return to his bed
back down

52

Gdy nastawał poranek, ale słońce jeszcze nie wstało,
When was coming morning but (the) sun still no got up
had not gotten up yet

przyszła żona i zbudziła oboje:
came (the) wife and woke up both
{feminine} {feminine}

"Wstawajcie lenie! Idziemy do lasu drwa
Get up lazy bones (We) are going to (the) forest trees
{plural}

rąbać!"
to chop

Potem dała każdemu po kawałku chleba i rzekła:
After (she) gave each after (a) piece (of) bread and said
(by)

"Macie tu coś na obiad, ale nie jedzcie zbyt
(You) have here something on dinner but no eat too
{plural} (for) do not eat

szybko, bo potem nic nie dostaniecie."
fast because after nothing no will get
there will be nothing else

Małgosia schowała chleb pod swój fartuch, bo
Maggie hid (the) bread under her apron because
{feminine}

Jaś w kieszeniach miał kamienie. A potem wszyscy
John in pockets had stones And after everyone
{masculine}

razem wyruszyli do lasu. Po jakimś czasie, Jaś
together set out to (the) forest After some kind of time John
{plural}

53

się   zatrzymał   i   spojrzał   za   siebie   na
himself   stopped {masculine}   and   glanced {masculine}   behind   himself   on (at)

domek,   a   robił   tak   co   chwila.
(the) little house   and   (he) was doing   so   every   moment

Ojciec   powiedział: "Jasiu,   co   tak   patrzysz   za
Father   said {masculine}   Johnny   what   like (in this way)   (you) are looking   behind

siebie,   uważaj   żebyś   nóg   nie   zgubił."
yourself   be careful   that you would   legs   no   lose

"Ach,   ojcze,"   powiedział   Jaś,   "   Patrzę   za   moim
Oh   father   said {masculine}   John   (I) am looking   behind (for)   my

białym   kotkiem,   co   siedzi   na   górze,   na   dachu   i
white   cat   what (that)   is sitting   on   top   on   (the) roof   and

chce   mi   powiedzieć   papa..."
wants   to me   say   goodbye

A   żona   rzekła: "Głupcze,   to   nie   kotek,   tylko
And   (the) wife   said   Stupid (boy)   this   no (not)   (a) cat   only

poranne   słońce,   co   na   komin   świeci."
(the) morning   sun   what (that)   on   (the) chimney   is shining

Ale Jaś tak naprawdę nie rozglądał się za
But Johnny so really no looking around himself behind
(was not) (for)

kotkiem, lecz rzucał na drogę błyszczące
(the) little cat however (he) was throwing on (the) road shining
(the path)

krzemienie z kieszeni.
flints from (his) pocket

Kiedy byli w środku lasu, rzekł ojciec:
When (they) were in inside (the) forest said (the) father

"Dzieci, nazbierajcie drewna! Rozpalimy ogień, żebyście
Children (you) gather wood (We) will ignite (a) fire so that you
{plural} {plural}

mieli ciepło!"
will have warmth

Jaś i Małgosia razem naznosili chrustu, wysoko, że
Johnny and Maggie together brought brushwood up high that
{plural}

wyglądał jak mała góra. Rozpalono ogień, a gdy
it looked like (a) small mountain (It was) ignited (the) fire and when

płomienie wystrzeliły naprawdę wysoko, powiedziała
(the) flames shot up really high said
{feminine}

żona:
(the) wife

"Połóżcie się przy ogniu, dzieciaczki i odpocznijcie
Lie down {plural} / yourselves / by / (the) fire / little children / and / rest {plural}

sobie, a my pójdziemy w las rąbać drwa. A
yourselves / and / we / will go / in / (the) forest / to chop / trees {archaic} / And

kiedy skończymy, przyjdziemy po was."
when / (we) finish / (we) will come / after (for) / you

Jaś i Małgosia siedzieli przy ogniu, a gdy
Johnny / and / Maggie / (were) sitting / by / (the) fire / and / when

nastało południe zjadło każde swój kawałeczek chleba.
(it) became / afternoon / ate / each / it's own / little piece / of bread

A ponieważ słyszeli uderzenia siekiery, myśleli, że
And / because / (they) heard / (the) hitting / (of the) axe / (they) thought / that

ojciec jest blisko. Ale to nie była siekiera, lecz
(the) father / is / close / But / this / no / was (was not) / (an) axe / but

gałąź przywiązana do suchego drzewa, którą wiatr
(a) branch / tied / to / (a) dry / tree / which / (the) wind

tłukł bez ustanku tam i z powrotem. A
was banging / without / ceasing / there / and / with / return back / And

siedzieli tak długo, aż oczy same zamknęły
(they) were sitting / so / long / until / eyes / alone (themselves) / closed

się ze zmęczenia i zasnęli głębokim snem.
themselves / from / tiredness / and / (they) fell asleep / deep / sleep

56

Gdy obudzili się, była ciemna noc. Małgosia
When (they) woke up themselves (it) was dark night Maggie

płacząc powiedziała: "I jak teraz wyjdziemy z tego
crying said And how now (we) will leave from this
{feminine}

lasu!" lecz Jaś pocieszył ją: "Poczekaj chwileczkę aż
forest but Johnny cheered up her Wait (a) little moment until

księżyc wzejdzie, a drogę jakoś znajdziemy."
(the) moon will rise and (the) road somehow (we) will find
(the path)

A gdy księżyc w pełni był już na niebie,
And when (the) moon in fullness was already on (the) sky

wziął Jaś swą siostrzyczkę za rękę i
took John his little sister behind (the) hand and
{masculine} (by)

szedł za krzemieniami, które jarzyły
(he) was walking behind (the) flints which (were) glowing
(after)

się w nocy jak nowo wybite monety i
themselves in (the) night like newly struck coins and
struck
(minted)

wskazywały im drogę. Szli tak
(they) were indicating to them (the) road (They) were walking this way
(the path)

przez całą noc, a gdy dzień już szarzał,
through (the) whole night and when (the) day already was greying

znaleźli dom swego ojca.
(they) found (the) house (of) their father

57

Zapukali	do	drzwi,	a	gdy	je	macocha
(They) knocked	to	(the) door	and	when	them	(the) stepmother

otworzyła,	rzekła:	"wy	niedobre	dzieciaki!	Co	tak
opened	(she) said	you {plural}	bad	kids	What	so

spałyście	w	tym	lesie.	Już	myśleliśmy,	że
(you) were sleeping	in	this	forest	Already	(we) were thinking	that

nigdy	nie	wrócicie	do	domu!"
never	no	come back	to	home
you would never				

Lecz	ojciec	ucieszył	się,	bo	serce	zaczęło	mu
But	father	gladdened	himself	because	heart	started	to him

pękać,	gdy	dzieci	swe	same	zostawił	w	lesie.
burst	when	(the) children	his own	alone	left {masculine}	in	(the) forest

Niedługo	potem	bieda	znów	zawitała	w	ich	progi,
Soon	after	poverty	again	welcomed	in	their	thresholds

a	dzieci	słyszały,	jak	matka	nocą	w	łóżku
and	(the) children	heard {plural}	how	(the) mother	at night	in	bed

mówiła	do	ojca:	"Znowu	wszystko	zjedzone.	Mamy
was saying {feminine}	to	(the) father	Again	everything	was eaten	(We) have

tylko	pół	bochenka	chleba,	a	potem	to	już	koniec
only	half	(a) loaf	of bread	and	after	it	already	end

przedstawienia.	Musimy	pozbyć	się	dzieci.
(of the) performance	(We) have to	get rif of	ourselves	(the) children

Zaprowadzimy je jeszcze głębiej w las,
(We) will lead them still deeper into (the) forest

żeby nie mogły znaleźć drogi z powrotem.
in order to no could to find (the) road with return
so they will not be able (the path) back

Nie ma dla nas innego ratunku."
No is for us other rescue
There is no For us there is no (way out)

Mężowi ciężko zrobiło się na sercu i
(For the) husband heavy (it) became itself on (the) heart and

pomyślał: "Byłoby lepiej, gdybyś się podzielił
(he) thought (It) would be better if (you) yourself shared

ostatnim kęsem z dziećmi."
(the) last bite with (the) children

Ale żona nie chciała niczego słyszeć, łajała go
But (the) wife no wanted anything to hear was scolding him
did not want

i robiła mu wyrzuty. Kto mówi A, musi powiedzieć
and was doing him reproaches Who says A has to say

B, a ponieważ ustąpił pierwszym razem, musiał
B and because (he) conceded (the) first time (he) had to

ustąpić i za drugim.
concede and after (the) second (time)
(also) (for)

Dzieci słyszały całą rozmowę ponieważ jeszcze
(The) children heard (the) whole conversation because still
{plural}

nie spały. A kiedy starzy spali,
no sleeping And when (the) old folks were sleeping
(they were not)

59

wstał **Jaś** i chciał wyjść, by pozbierać
got up John and (he) wanted to go out to gather
{masculine}

krzemyki jak poprzednim razem, lecz macocha
flints like before time but (the) stepmother

zamknęła drzwi i nie mógł.
closed (the) door and no could
{feminine} he could not

Pocieszał jednak siostrzyczkę mówiąc: "Małgosiu,
(He) was cheering up however (his) little sister saying Maggie

nie płacz i śpij spokojnie. Dobry Bóg nam pomoże."
no cry and sleep peacefully Good God us will help
(do not)

Macocha wcześnie rano przyszła do sypialni
(The) stepmother early morning came to (the) bedroom
{feminine}

dzieci. Podarowała im po kawałeczku chleba,
(of the) children Gifted them by (a) little piece of bread
{feminine} each a piece

jeszcze mniejszym niż poprzednim razem. W drodze do
still smaller than before time In (the) way to
the one before

lasu Jaś go pokruszył w kieszeni, często cichutko
(the) forest Johnny him crumbled in pocket often quietly
(it)

przystawał i rzucał kawałeczek na ziemię.
stopping and was throwing (a) little piece on (the) ground

"Jasiu, co tak stajesz i się rozglądasz,"
Johnny what so (you) are stopping and yourself looking around

powiedział ojciec, "idź no przed siebie."
said (the) father go so before yourself
{masculine} (keep walking)

60

"Patrzę za gołąbkiem, co na dachu siedzi i
(I) am looking / after / (a) dove / what / on / (the) roof / is sitting / and

chce mi powiedzieć papa," odpowiedział Jaś.
wants / to me / to say / goodbye / answered / Johnny

"Głupcze," rzekła macocha, "To nie gołąb tylko
Stupid (boy) / said {feminine} / (the) stepmother / This / no (is not) / (a) dove / only

poranne słońce, co na komin świeci."
(the) morning / sun / what (that) / on / (the) chimney / is shining

A Jaś rzucał i rzucał wciąż swe
And / Johnny / was throwing / and / was throwing / continuously / his

kawałki na drogę.
little pieces / on / (the) ground

Kobieta prowadziła dzieci jeszcze głębiej w
(The) woman / was leading {feminine} / (the) children / still / deeper / into

las, gdzie jeszcze nigdy w życiu nie były. Gdy
(the) forest / where / still / never / in / life / no was not / was / When

dotarli na miejsce zrobili wielkie ognisko, a
(they) arrived / on / (the) spot / (they) made / (a) great / fire / and

matka rzekła: "Siedźcie tutaj, dzieci, a kiedy
(the) mother / said / (You) sit {plural} / here / children / and / when

będziecie zmęczone, możecie sobie troszkę pospać. My
(you) will be / tired / (you) can {plural} / yourselves / (a) little / sleep / We

61

idziemy do lasu drwa rąbać, a wieczorem, gdy
are going to (the) forest trees chop and (in the) evening when

już skończymy, przyjdziemy po was."
already (we) will finish (we) will come after you
(for)

Gdy nastało południe, Małgosia podzieliła się z
When came afternoon Maggie shared herself with
{feminine}

Jasiem kawałkiem chleba, bo Jaś swój kawałek
Johnny (a) little piece of bread because Johnny his (ittle) piece

rozrzucił po drodze. Potem zasnęli, a gdy
threw around after (the) road After (they) fell asleep and when
{masculine} (around) (the path)

minął wieczór, nikt nie przyszedł do biednych dzieci.
passed (the) evening no one no came to (the) poor chidren

Obudziły się dopiero późną nocą, a Jaś
(They) woke up ~~themselves~~ until late night and Johnny

pocieszał swą siostrzyczkę mówiąc: "Poczekaj tylko,
was cheering up his little sister saying Wait only

Małgosiu, aż księżyc wzejdzie, a zobaczymy okruszki,
Maggie until (the) moon rises and (we) will see (the) crumbs

które rozsypałem. One pokażą nam drogę do domu."
which (I) scattered They will show to us (the) road to home
{plural} (the path)

Kiedy księżyc rozjaśniał, wyruszyli w drogę, lecz
When (the) moon was brightening (they) set out in (the) road however
(the way)

nie znaleźli żadnego okruszka, bo wydziobały je
no found any crumb because pecked them
they did not find {plural}

62

ptaki,	których	mrowie	w	lesie	i	na	polu
(the) birds	which	(a) swarm	in	(the) forest	and	on	(the) field

mieszka.	Jaś	powiedział	do	Małgosi:	"Jakoś	znajdziemy
live	Johnny	said	to	Maggie	Somehow	(we) will find

drogę,"	lecz	jej	nie	znaleźli.
(the) road	however	her	no	found
(the way)		{droga - feminine}	they did not find	

Szli	całą	noc	i	dzień	od	rana	do
(They) were walking	(the) whole	night	and	day	from	morning	until
	(all)						

wieczora,	lecz	nie	wyszli	z	lasu.	Byli
evening	however	no	came out	from	(the) forest	(They) were
		they did not come out of				

strasznie	głodni,	bo	nie	mieli	nic,	prócz	paru
terribly	hungry	because	no	had	nothing	besides	a couple
			they did not have anything				

jagód.	A	ponieważ	byli	tak	głodni,	nogi
(of) blueberries	And	because	(they) were	so	hungry	(their) legs

nie	chciały	ich	nosić.	Położyli	się	więc	pod
no	wanted	them	to carry	(They) laid	themselves	so	under
		to carry them		So they laid themselves			

drzewem	i	zasnęli.
(a) tree	and	fell asleep
		{plural}

Nastał	trzeci	ranek	po	tym,	jak	opuścili	dom
Came	(the) third	morning	after	this	how	(they) left	(the) house

ojca.	Znowu	zaczęli	iść,	ale	zabłąkali
(of their) father	Again	(they) started	to walk	but	(they) strayed

się	jeszcze	głębiej	w	las.	Gdyby	szybko
themselves	still	deeper	into	(the) forest	If	quickly

nie znaleźli pomocy, musieliby umrzeć. Gdy
no (they) found help (they) would have to die When
they did not find

przyszło południe, zobaczyli pięknego, śnieżnobiałego
came afternoon (they) saw (a) beautiful snow white

ptaszka, który siedział na gałęzi i tak pięknie
little bird who was sitting on (a) branch and so beautifully

śpiewał, że dzieci stanęły i zaczęły go słuchać.
was singing that (the) children stood and started him to listen to
{masculine} {plural} {plural}

Gdy skończył swój śpiew, odfrunął, a dzieci
When (he) finished his singing (he) flew away and (the) children

poszły za nim, aż trafili do domku, na
went after him until (they) found their way to little home on
{plural}

którego dachu usiadł. Gdy dzieci podeszły bliżej,
which roof (he) sat When (the) children came up closer
{plural}

zobaczyły, że dom zbudowany był z chleba a
(they) saw that (the) house built was from bread and

przykryty był plackami, okna były zaś z jasnego
covered was cakes (the) windows were and from light
(white)

cukru.
sugar

"Możemy się za to zabrać," rzekł Jaś, "To
(we) can ourselves for this to take said Johnny This
(So)

będzie posiłek co się zowie. Ja zjem kawałek
(it) will be (a) meal what itself be eccentric I will eat (a) piece
(that)

dachu, Małgosiu, a ty możesz zjeść kawałek
(of the) roof / Maggie / and / you / can / eat / (a) piece

okna, bo słodko smakuje."
(of the) window / because / sweetly / (it) tastes

Jaś sięgnął do góry i ułamał sobie o
Johnny / reached {masculine} / to / (the) top up / and / (he) broke off / (for) himself / about

drobinę z dachu, żeby zobaczyć jak smakuje, a
a little bit / from / (the) roof / in order to / see / how / (it) tastes / and

Małgosia stanęła przy szybie i sobie ją
Maggie / stood {feminine} / by / (the) glass / and / herself / her {szyba - feminine}

chrupała. Wtedy cienki głosik zawołał z
was crunching / Then / (a) thin / little voice / called out / from

chałupki:
(the) little cabin

"Chrup, chrup, kto chrupie
Crunch / crunch / who / (is) crunching

Przy mojej chałupie?"
By / my / cabin

A dzieci odpowiedziały:
And / (the) children / answered {plural}

"To   wiatr,   to   wiatr,
It (is) (the) wind it (is) (the) wind

Niebiański dzieciak hula tak"
Heavenly   child   carouses so

I   jadły   dalej nie dając   się   zbałamucić.
And (they) were eating further no giving themselves (to be) misled
                         (not) (allowing)

Jasiowi bardzo   dach   smakował, i   urwał   sobie
Johnny very much (the) roof tasted   and (he) broke off himself

dość   spory kawałek, a   Małgosia zjadła   całą,
(a) fairly large piece   and Maggie   ate   (a) whole
                                     {feminine}

okrągłą szybę. Nagle   otworzyły się   drzwi   i
round   glass   Suddenly opened   themselves (the) doors and

ukazała   się   w   nich   kobieta   stara jak   świat
appeared herself in   them   (a) woman old   as   (the) world
{feminine}   (like)

opierając się   na   lasce.
leaning   herself on   (a) cane

Ogarnięte strachem,   dzieci   upuściły wszystko co
Bound   by fear   (the) children dropped everything what
                                   {plural}   (that)

trzymały   w   rękach.   Stara   pokiwała głową
(they) were holding in (their) hands (The) old woman shook (her) head

i   rzekła: "Ach,   kochane   dzieci,   kto   was   tu
and said   Oh   darling   children   who you   here
                                         {plural}

przyprowadził?   Wejdźcie   i   zostańcie   ze   mną.
led   Come in   and   stay   with   me
{plural}   {plural}

Krzywda   żadna   wam   się   nie
Harm   any   to you   itself   no
stanie."
happen
No harm will come to you

Złapała   oboje   za   ręce   i   poprowadziła   do
(She) grabbed   both   by   (their) hands   and   led   to

domku.   Tam   dostały   dobre   jedzenie,   mleko,
(the) little house   There   (they) got   good   food   milk

naleśniki   z   cukrem,   jabłka   i   orzechy.   Potem
pancakes   with   sugar   apples   and   nuts   After

zasłała   im   biało   dwa   cudne   łóżeczka,   a
(she) made (the bed)   for them   in white   two   adorable   little beds   and

Jaś   i   Małgosia   położyli   się   i   myśleli,   że
Johnny   and   Maggie   laid down   themselves   and   (they) thought   that
   {plural}

są   w   niebie.
(they) are   in   heaven

Starucha   udawała   tylko   taką   miłą,   bo
(The) old woman   was pretending   only   such   (a) kindness   because
   {feminine}

była   to   stara   zła   wiedźma,   która   na   dzieci   tylko
(she) was   this   (an) old   evil   witch   who   on   children   only

czyhała.   Domek   z   chleba   zbudowała   zaś   tylko
was lurking   (The) little house   from   bread   (she) built   and   only

dlatego,   aby   je   skusić.   Jak   tylko   jakieś
because of that   in order to   them   lure   As   only   some
   (as soon as)

67

dzieci (children) jej (her) się (themselves) natrafiły, (happened on) zabijała (she killed) je, (them) gotowała (cooked) i (and) {feminine}

jadła, (was eating) {feminine} a (and) było (was) to (this) dla (for) niej (her) święto. (a celebration) Wiedźmy (Witches) mają (have)

czerwone (red) oczy (eyes) i (and) nie (no) (do not) widzą (see) zbyt (too) dobrze, (well) ale (but) mają (they have)

świetny (great) węch (sense of smell) jak (like) zwierzęta (animals) i (and) potrafią (they can) wyczuć, (sense)

kiedy (when) idzie (is coming) człowiek. (a human)

Gdy (When) Jaś (Johnny) i (and) Małgosia (Maggie) przechodzili (were walking by) w (in) pobliżu, (closeness / close by)

zaśmiała (she laughed out) się (herself) złośliwie (maliciously) i (and) rzekła (said) szyderczo: (sneeringly) "Mam (I have)

ich (them) i (and) już (already) mi (from me) nie (no) (will not) uciekną." (get away)

Wstała (She got up) wczesnym (early) rankiem, (morning) zanim (before) dzieci (the children) się (themselves)

obudziły (woke up) i (and) patrzyła (she was looking) na (on) (at) nie, (them) jak (as) sobie (themselves) smacznie (tastefully)

śpią (are sleeping) i (and) na (on) (at) ich (their) pełne (full) czerwone (red) policzki, (cheeks) mrucząc (murmuring)

pod (under) nosem: (her nose) "To (This) dopiero (only) będzie (will be) kąsek." (a morsel)

Złapała Jasia swą suchą ręką i zaniosła do
(She) caught Johnny with her dry hand and (she) carried to

małej stajenki, gdzie go zamknęła za kratami.
(the) small little stable where him locked up behind bars

Mógł tam krzyczeć, ile wlazło, lecz nic by
(He) could there scream as much got in however nothing would
as much as he wanted

mu to nie pomogło. Potem podeszła do Małgosi i
him this no (have) helped After (she) came to Maggie and
(not)

zaczęła nią potrząsać aż ją zbudziła i rzekła:
(she) started her shaking until her woke up and said

"Wstawaj, leniu i noś wodę. Ugotuj coś
Get up lazy bones and carry water Cook something

dobrego swojemu bratu, który siedzi w stajni,
good for your brother who is sitting in (the) stable

żeby się utuczył. A jak już będzie tłusty, to
in order to himself get fat And when already will be fat this
(then)

go zjem."
him (I) will eat

Małgosia zaczęła gorzko płakać, ale wszystko
Maggie started bitterly crying but everything
{feminine}

na darmo, musiała robić, co zła wiedźma jej
on free (she) had to do what (the) evil witch her
but all for nothing

kazała.
ordered

69

Od tej chwili dla Jasia było najlepsze jedzenie, a
From this moment for Johnny was (the) best food and

dla Małgosi nic tylko skorupki po rakach.
for Maggie nothing only shells after (eaten) crabs

Starucha chodziła każdego ranka do stajenki i
(The) old woman was going each morning to (the) stable and

wołała: "Jasiu, wysuń paluszka, żebym wiedziała już
was calling Johnny stick out (a) little finger so I can know already
{feminine} {feminine}

robisz się tłusty."
(you) are becoming yourself fat

Lecz Jaś nie wystawiał jej palca, lecz
However Johnny no stuck out to her (a) finger however
did not stick out

kosteczkę, a starucha, która miała mętne oczy
(a) bone and (the) old woman who had cloudy eyes
{feminine} (half blind)

i nic nie widziała, myślała, że to palec Jasia,
and nothing no saw (she) thought that this finger of Johnny
{feminine}

dziwiła się, że wcale nie robi się tłusty. Gdy
surprised herself that at all no was doing himself fat When
{feminine} was not getting

minęły cztery tygodnie, a Jaś wciąż był chudy,
passed four weeeks and Johnny still was skinny
{plural}

straciła cierpliwość i nie chciała dłużej czekać.
(she) lost patience and no wanted longer to wait
did not want to wait longer

"Jazda, Małgosiu," zawołała do dziewczynki, "Uwiń
Ride Maggie called out to (the) little girl Gather up
(Go fast) {feminine}

się i nanoś wody: Czy Jaś jest tłusty czy nie,
yourself and carry water If Johnny is fat or no
(not)

jutro go zarżnę i ugotuję."
tomorrow him (I) will butcher and (I) will cook

Ach, jak płakała biedna siostrzyczka, gdy
Oh how (she) was crying (the) poor little sister when

nosiła wodę, a łzy ciekły jej po
(she) was carrying water and tears were streaming her by

policzkach! "Drogi Boże, pomóż nam," wołała,
(her) little cheeks Dear God help us (she) was calling out

"Gdyby nas dzikie zwierzęta pożarły, umarlibyśmy
If us wild animals ate (we) would have died

przynajmniej razem."
at least together

"Oszczędź sobie tej paplaniny," powiedziała starucha,
Save yourself this babbling said (the) old woman
{feminine}

"Nic ci nie
Nothing to you no

pomoże."
help
Nothing will help you

Gdy nastał poranek, Małgosia musiała wyjść, by
When came morning Maggie had to go out to
{feminine}

powiesić kocioł z wodą i rozpalić ogień.
hang up (the) cauldron with water and ignite (the) fire

"Najpierw będziemy piec," powiedziała starucha.
First (we) will be roasting said (the) old woman
{feminine}

"Rozpaliłam już w piecu i zagniotłam już
(I) ignited already in (the) oven and (I) kneaded already
{feminine}

ciasta."
(the) doughs

Pchnęła biedną Małgosią w kierunku pieca, z
(She) pushed poor Maggie in (the) direction of the oven from

którego płomienie już buchały. "Właź," powiedziała
which flames already were bursting Get in said
{feminine}

wiedźma, "i zobacz, czy już dobrze nagrzany, żebym
(the) witch and see if already well heated so that I

mogła wsunąć chleb." I chciała zamknąć piec,
can slip in (the) bread And (she) wanted to close (the) oven

gdy Małgosia będzie już w środku.
when Maggie will be already in inside

72

Małgosia miała się tam smażyć, bo wiedźma też
Maggie was to {feminine} herself there fry because (the) witch also

chciała ją zjeść. Małgosia jednak połapała się, co
wanted {feminine} her to eat Maggie however caught on {feminine} ~~herself~~ what

starucha miała w planie i powiedziała: "Nie
(the) old woman had {feminine} in plan and (she) said No (I do not)

wiem, jak mam to zrobić; jak mam tam wejść?"
know how (I) have this to do how (I) have there get in

"Głupia gęś," powiedziała starucha. "Widzisz przecież,
Stupid goose said {feminine} (the) old woman (You) see of course

że otwór jest wystarczająco duży. Sama bym
that (the) opening is enough big Myself alone (I) would

wlazła."
get in

Chcąc dać dziewczynce przykład, starucha na
Wanting to give (the) little girl (an) example (the) old woman on

czworakach ruszyła pod piec i wsadziła w
all fours moved under (the) oven and put in in

jego otwór głowę. Wtedy Małgosia ją pchnęła,
his {piec - masculine} opening head Then Maggie her pushed {feminine}

że stara wjechała głęboko do środka.
(so) that (the) old woman went in deep ~~to~~ inside

Zamknęła żelazne drzwi i zasunęła rygiel. Hu!
(She) closed (the) iron door and slid closed (the) bolt Oh

73

Zaczęła ryczeć, całkiem potwornie, ale Małgosia
(She) started / wailing / completely / horribly / but / Maggie

uciekła, a bezbożna wiedźma spaliła się marnie.
ran away {feminine} / and / (the) godless / witch / burned {feminine} / herself / miserably

Małgosia pobiegła prosto do Jasia, otworzyła stajenkę
Maggie / ran {feminine} / straight / to / Johnny / opened {feminine} / (the) little stable

i zawołała: "Jasiu, jesteśmy zbawieni. Stara wiedźma
and / called out {feminine} / Johnny / (we) are / saved / (The) old / witch

nie żyje."
no (is not) / alive

Jaś wyskoczył jak ptak z klatki, gdy Małgosia
Johnny / jumped out {masculine} / like / (a) bird / from / (a) cage / when / Maggie

otworzyła mu drzwi. Dzieci bardzo się
opened / for him / (the) door / (The) children / very much / themseves

cieszyły, objęły się za szyję i
were gladdened / (they) embraced / each other / by / (the) neck / and

skakały w kółko całując się. A ponieważ
were jumping / in / bed / kissing / each other / And / because

niczego nie musiały już się obawiać,
nothing no (they did not) / have to {plural} / already (anymore) / themselves / be scared of

weszły z powrotem do domu wiedźmy. We
(they) went in / from return (they went back in) / to / (the) house / of the witch / In

74

wszystkich rogach stały tam skrzynie z perłami
all corners were standing {plural} there crates with pearls

i drogimi kamieniami.
and expensive stones

"To jeszcze lepsze niż krzemyki," powiedział Jaś, i
This still (even) better than flints said {masculine} Johnny and

napychał swoje kieszenie, ile wlazło.
was stuffing {masculine} his pockets as much got in

Małgosia zaś powiedziała: "Ja też chcę coś
Maggie on the other hand said {feminine} I too want something

przynieść do domu." i napełniła do pełna swój
to take to home and filled {feminine} to full her

fartuszek.
little apron

"Musimy już ruszać w drogę," powiedział Jaś,
(We) must already head out / get on the road in (the) road said {masculine} Johnny

"żeby wyjść z lasu czarownic."
in order to go out from (the) forest of the witches

Gdy już szli parę godzin, trafili nad
When already were walking {plural} a couple hours (they) came upon above (facing)

wielką wodę.
(a) great (expanse of) water

"Nie możemy przejść na drugą stronę," rzekł
No (we) can get across on (the) second side said
  We cannot   (to) (the other)   {masculine}

Jaś, "Nie ma tu kładki ni mostu!"
Johnny No has here (a) footbridge nor bridge
  There is not

"Ani żaden statek nie płynie," dodała Małgosia, "ale
Either any boat no is swimming added Maggie but
  Neither a   (is not)   {feminine}

tam płynie biała kaczuszka. Jeśli ją poproszę, to
there is swimming (a) white little duck If her (I) will ask then

pomoże nam przejść."
(she) will help us get across

I wtedy zawołała:
And then (she) called out

"Kaczuszko, kaczuszko
Little duck little duck

To Jaś i Małgosia, maleńkie dziateczki
It is Johnny and Maggie small little sweet children

Nie widzą mostu ani kładeczki
No see (a) bridge or (a) footbridge
(Who do not)

Weź — Take
nas — us
na — on
grzbiet — back
biały. — white
white back
By — So
dzieci — (the) children
tak — like this
nie — no (will not)

stały" — be standing

Kaczuszka — (The) little duck
podpłynęła, — swam up {kaczuszka - feminine}
a — and
Jaś — Johnny
usiadł — sat down {masculine}
na — on
nią — her

i — and
poprosił — asked {masculine}
siostrzyczkę, — (his) little sister
by — to
usiadła — sit down {feminine}
obok. — beside

"Nie," — No
powiedziała — said {feminine}
Małgosia, — Maggie
kaczuszka — (the) little duck
miałaby — would have (it) {feminine}
za — too

ciężko. — heavy
Przewiezie — (She) will carry
nas — us
jedno — one
po — after
drugim." — (the) second (the other)

I — And
tak — like this
też — also
zrobiło — did
dobre — (the) good
zwierzątko. — little animal
A — And
gdy — when

już — already
szczęśliwie — happily
byli — (they) were
na — on
drugiej — (the) second (the other)
stronie — side
i — and

chwileczkę — (a) little while
już — already
szli, — were walking
las — (the) forest
stawał — was becoming
się — itself

coraz — more and more
bardziej — more
znajomy — familiar
i — and
w — in
końcu — (the) end
zobaczyli — (they) saw
z — from

daleka — afar
dom — (the) house
ojca. — of the father
Wtedy — Then
zaczęli — (they) started
biec, — to run

rzucili się do izby i zawiśli ojcu
(they) threw themselves into (the) chamber and hung (the) father
{plural}

na szyi. Ojciec nie zaznał ni jednej szczęśliwej
on neck (The) father no knew either one happy
around his neck (not)

godziny, od kiedy dzieci w lesie zostawił.
hour from when (the) children in (the) forest (he) left

Macocha zaś umarła.
(The) stepmother on the other hand (had) died
{feminine}

Małgosia opróżniła swój fartuch, tak że perły i
Maggie emptied her apron so that (the) pearls and
{feminine}

drogie kamienie po izbie skakały, a Jaś
expensive stones after (the) chamber were jumping and Johnny
(around)

dorzucał garść za garścią ze swoich kieszeni. Takim
was adding handful after handful from his pockets In such

sposobem skończyły się wszelkie troski i
(a) way (they) finished themselves all worries and

odtąd żyli razem w radości. To już koniec
from then on (they) lived together in joy This already (the) end

mojego bajania, bierz się do łapania, bo tam
of my story telling take yourself to catching because there

leci mysz, a kysz, a kysz. A kto ją złapie
(is) flying (by) (a) mouse oh shoo oh shoo And who her will catch

za ogon lub szyję, niech se z jej futra kapotę
by (the) tail or neck may yourself from her fur (a) bonnet

uszyje.
sew

Królewna Śnieżka

Królewna Śnieżka
Princess Snowball

W samym środku zimy, gdy śnieg spadał na
In the very middle (of) winter when (the) snow was falling on

ziemie jak pierz, Królowa siedziała przy oknie
(the) ground like down (the) Queen was sitting by (the) window
{feminine}

o ramach z czarnego hebanu i szyła. Patrząc
about frames from black ebony and was sewing Looking
(of) {feminine}

na śnieg ukłuła się igłą w palec. Na
on (the) snow (she) pricked herself (with a) needle in (the) finger On
(at)

śnieg poleciały trzy krople krwi. A ponieważ
(the) snow fell three drops of blood And because

czerwień pięknie wyglądała na białym śniegu,
(the) red beautifully looked on (the) white snow,
{feminine}

pomyślała sobie: "Chciałabym mieć dziecko białe jak
(she) thought (to) herself (I) would like to have (a) child white as

ten śnieg, czerwone jak krew i czarne jak drewno
this snow, red like blood and black like (the) wood

tych ram." Wkrótce urodziła córeczkę białą jak
(of) these frames Soon (she) bore (a) little daughter white like

śnieg, o ustach czerwonych jak krew, o włosach
snow about lips red like blood about hair
(of) {plural} (of)

79

jak hebanowe drewno. Dlatego nazwano ją śnieżką.
like ebony wood That is why called her snowball

Królowa niestety zmarła podczas porodu.
(The) Queen unfortunately died during birth
{feminine}

Rok po śmierci żony, Król ponownie
(A) year after (the) death (of his) wife (the) King again

wziął ślub. Była to pani piękna, ale dumna i
took wedding (She) was this (a) lady beautiful but proud and
got married

próżna. Nie potrafiłaby znieść piękniejszej od
vain No (she) would be able to bear (anyone) more beautiful than
She would not be able to

siebie. A miała ona cudowne lustro. Gdy
herself And (she) had she (a) marvelous mirror When

stawała przed nim by się obejrzeć,
(she) would stand in front of him to herself look at
{lustro - masculine}

mówiła:
(she) said

"Lustereczko, powiedz przecie
Little mirror tell yet

Kto jest najpiękniejszy w świecie."
Who is (the) most beautiful in (the) world

A Lusterko odpowiadało:
And (the) little mirror answered

80

"Tyś   królowo   najpiękniejsza   na   świecie"
You   queen   (are the) most beautiful   on   (the) world

I   była   zadowolona,   bo   wiedziała,   że   lustro
And   (she) was   happy   because   (she) knew   that   (the) mirror

zawsze   mówi   prawdę.
always   says   (the) truth

Tymczasem   Śnieżka   rosła   i   stawała   się
In the meantime   Snowball   was growing   and   was becoming   herself
                               {feminine}   {feminine}

coraz   piękniejsza,   a
more and more   more beautiful   and

gdy   miała   już   siedem   była   piękna   jak
when   (she) had   already   seven   (she) was   beautiful   like
         lat,
         years
when she was already seven years old

jasny   dzień,   piękniejsza   niż   sama   królowa.   Kiedy
(a) bright   day   more beautiful   than   herself alone   (the) queen   When

więc   ta   zapytała   lustro:
so   this   asked   (the) mirror
                {feminine}

"Lustereczko,   powiedz   przecie
Little mirror   tell   yet

Kto   jest   najpiękniejszy   w   świecie."
Who   is   (the) most beautiful   in   (the) world

dostała odpowiedź:
(she) got (the) answer

"Nikt piękniejszy w tej komnacie nie mieszka,
No-one (is) more beautiful in this room no live
(does not)

lecz tysiąc razy piękniejsza od ciebie jest Śnieżka"
however a thousand times more beautiful than you is Snowball

Mocno strapiło to królową, aż zrobiła się żółta
Hard saddened this (the) queen until (she) became herself yellow

i zielona z zawiści. Od tej pory, gdy spotykała
and green from envy From this time when (she) would meet

śnieżkę, wnętrzności się w niej nicowały, tak
snowball insides themselves in her turn so

wielka była jej nienawiść do tej dzieweczki. Pycha i
great was her hatred to this little girl Conceit and

zawiść rosły jak chwast w jej sercu coraz to wyżej
envy grew like weed in her heart and more this taller

i nie zaznała odtąd spokoju czy to w dzień czy
and no tasted from then on peace or this in day or
did not taste

noc. Zawołała więc myśliwego i rzekła: "Wyprowadź
night (She) called so (the) hunter and said Lead out

to dziecko w las, bo nie chcą
this child into (the) forest because no want
(do not)

go widzieć oczy moje. Zabijesz ją tam,
him see eyes my (You) will kill her there
{dziecko - masculine}

82

a / na (as) / dowód / przyniesiesz / mi / jej / płuca / i / wątrobę."
and / on / proof / (you) will bring / me / her / lungs / and / liver

Myśliwy / był / posłuszny / tym / słowom / i / wyprowadził {masculine} / ją
(The) hunter / was / obedient / these / words / and / led out / her

do / lasu, / a / gdy / wyciągnął / już / nóż, / by
to / (the) forest / and / when / (he) pulled out / already / (the) knife / to

przebić / śnieżki / niewinne / serce, / dziewczynka / zapłakała {feminine}
pierce / snowball's / innocent / heart / (the) little girl / cried out

i / rzekła: / "Ach, / drogi / myśliwy, / nie (do not) / zabijaj / mnie.
and / said / Oh / dear / hunter / no / kill / me

Pójdę / w / dziki / las / i / nigdy / nie (will not) / wrócę / do
(I) will go / in / (the) wild / forest / and / never / no / go back / to

domu." / A / ponieważ / była / tak / piękna, / myśliwy
home / And / because / (she) was / so / beautiful / (the) hunter

zlitował / się / nad {on} / nią / i / rzekł: / "Biegnij, / biedne
had mercy / himself / over / her / and / said / Run / poor

dziecko! / – / Dzikie / zwierzęta / i / tak anyway / cię / wkrótce
child / Wild / animals / and / so / you / soon

pożrą," / pomyślał, / lecz / mimo / to / zrobiło / mu / się
will gobble up / (he) thought / however / despite / this / became / him / himself

tak, / jakby / mu / kamień / z / serca / spadł, / bo
so / as if / him / (a) stone / from / heart / fell / because
as if a weight had been lifted from his chest

nie / musiał / jej / zabijać. / Gdy / z / zarośli / wyskoczył {masculine}
no / had to / her / kill / When / from / (the) thicket / jumped out
did not have to kill her

młody / warchlak, / przebił / go (it) / swym / nożem, / wyciął
(a) young / piglet / (he) pierced / him / with his / knife / (he) cut out

płuca / i / wątrobę / i / jako / dowód / zaniósł
(its) lungs / and / liver / and / as / proof / (he) brought

83

królowej. Kucharz musiał gotować to w soli, a
(to the) queen (The) cook had to cook it in salt and

zła baba jadła tę strawę myśląc, że to płuca
(the) evil hag was eating this meal thinking that this lungs

i wątroba śnieżki.
and liver (of) snowball

Biedna Śnieżka znalazła się zupełnie sama w lesie,
Poor Snowball found herself completely alone in (the) forest
{feminine}

i bała się tak bardzo, że oglądała się
and was scared herself so much that was looking around herself
{feminine} {feminine}

za wszystkimi liśćmi na drzewach i nie wiedziała
after every leaves on trees and no knew
did not know

co dalej począć. Zaczęła biec przez ostre
what further to do (She) started running through sharp

kamienie i ciernie, a dzikie zwierzęta przebiegały
rocks and thorns and wild animals were running by
(across)

jej drogę nic jej nie czyniąc. Dziewczynka biegła
her path nothing her no doing (The) little girl was running
not harming her

tak długo, jak tylko nogi chciały ją nieść, aż wieczór
so long as only legs wanted her carry until evening
{plural}

zaczął nadciągać. Wtedy zobaczyła domek i
started approaching Then (she) saw (a) little house and

weszła do niego, aby odpocząć. W
(she) went in to him in order to rest In
{domek - masculine}

domku wszystko było małe, ale takie delikatne i
(the) little house everything was small but so delicate and

84

czyste, że aż ciężko powiedzieć. Stał tam biało
clean that even difficult to say Stood there (a) white

nakryty stoliczek i siedem małych talerzy, każdy zaś
set little table and seven small plates each and

talerzyk miał za sąsiada łyżeczkę, obok leżało
little plate had as (a) neighbor (a) little spoon beside were laying

siedem nożyków, widelczyków, i siedem kubeczków.
seven little knives little forks and seven little mugs

Pod ścianą stało siedem łóżeczek, jedno obok
Under (the) wall stood seven little beds one beside

drugiego, a wszystkie przykryte śnieżnobiałym
(the) second and all covered (with a) snow white
(the other)

prześcieradłem. Śnieżka, ponieważ była głodna i
sheet Snowball because (she) was hungry and

bardzo chciało jej się pić, zjadła z każdego
very wanted her herself to drink (she) ate from each

talerzyka troszeczkę warzyw i chleba, z każdego
little plate (a) little bit (of) vegetables and bread from each

kubeczka wypiła kropelkę wina, bo nie chciała
little mug (she) drank (a) little drop of wine because no wanted
she did not want

jednemu zjeść wszystko. Potem chciała położyć się
(from) one to eat everything After (she) wanted to lie down herself

do łóżka, bo była bardzo zmęczona, ale
to bed because (she) was very tired but

żadne nie pasowało, jedno było za długie, inne za
none no suited one was too long other too
none of them suited

krótkie, siódme wreszcie było w sam raz, położyła
short (the) seventh finally was in exact once (she) lied down
just right

85

się   więc   do   niego,   poleciła   się   Bożej
herself   so   to   him   (she) surrendered   herself   to God's
{lozko - masculine}

opiece   i   zasnęła.
care   and   fell asleep
{feminine}

Gdy   nastała   ciemność,   wrócili   do   domu   jej
When   came   darkness   (they) came back   to   home   her

mieszkańcy.   Było   to   siedmiu   karzełków,   którzy   kopali
inhabitants   Was   this   seven   dwarfs   who   were digging

rudę   w   górach.   Zapalili   siedem   światełek,   a   gdy
ore   in   (the) mountains   (They) lit   seven   little lights   and   when

w   domku   zrobiło   się   jasno,   zobaczyli,   że   ktoś
in   (the) little house   became   itself   light   (they) saw   that   someone

w   nim   był,   bo   nie   wszystko   było   w   takim
in   him   was   because   no (not)   everything   was   in   (the) same

porządku,   w   jakim   zostawili   dom.   Pierwszy   powiedział:
order   in   which   (they) left   (the) house   (The) first   said
{masculine}

"Kto   siedział   na   moim   krzesełku?"   drugi   dodał:
who   was sitting   on   my   little chair   (the) second   added
{masculine}

"Kto   jadł   z   mojego   talerzyka?"   trzeci: "Kto   wziął
Who   was eating   from   my   little plate   (the) third   Who   took

moją   bułeczkę?"   czwarty   "Kto   zjadł   moje   warzywo?"
my   little bun   (the) fourth   Who   ate   my   vegetable

piąty: "Kto   używał   mojego   widelczyka?"   szósty   "Kto
(the) fifth   Who   was using   my   little fork   (the) sixth   Who

kroił   moim   nożykiem?"   siódmy: "Kto   pił
was cutting   (with) my   little knife   (the) seventh   Who   was drinking

z — from
mojego — my
kubeczka?" — little mug
Potem — After
pierwszy — (the) first
się — himself
rozejrzał, — looked around {masculine}

zobaczył — (he) saw
na — on
swoim — his
łóżku — bed
małe — (a) small
wgłębienie — indentation
i — and
rzekł: — said

"Kto — Who
był — was
w — in
moim — my
łóżeczku?" — little bed
Zaraz — shortly
przybiegli — ran over {plural}
inni — others
i — and

zawołali: — called out {plural}
"I — And
w — in
moim — mine
ktoś — someone
leżał," — was lying
lecz — however
siódmy, — (the) seventh

gdy — when
spojrzał — (he) glanced
na — on (at)
swoje — his
łóżko, — bed
zobaczył — (he) saw
śpiącą — sleeping
śnieżkę. — snowball

Zawołał — (He) called out
wtedy — then
resztę. — (the) rest
Przybiegli — Ran over {plural}
i — and
krzyczeli — (they) were yelling

z — from
zachwytu. — delight
Przynieśli — Brought {plural}
swoje — their
światełka — little lights
i — and
poświecili — (they) shone

na — on
śnieżkę. — snowball
"O — Oh
mój — my
Boże, — God
o — oh
mój — my
Boże!" — God
wołali, — (they) called

"ależ — but how
piękne — beautiful
jest — is
to — this
dziecię!" — child
i — and
bardzo — so much
się — themselves

cieszyli, — were happy
że — that
jej — her
nie — no
zbudzili, — woke up
lecz — but
pozwolili — (they) let
spać — sleep
jej — her
they did not wake up

dalej. — further
Siódmy — (the) seventh
karzełek — dwarf
spał — slept
u — at
swoich — his
kompanów, — companions
po — after for)

godzinie — (an) hour
u — at
każdego, — each one
aż — until
minęła — passed
noc. — (the) night

Gdy obudziła się rano, Śnieżka zobaczyła siedmiu
When (she) woke up herself morning Snowball saw seven
{feminine}

karzełków, i bardzo się wystraszyła. Panowie
little dwarfs and so much herself got scared (The) Gentlemen
{feminine}

domu byli jednak bardzo mili i zapytali: "Jak
(of the) house were however very kind and asked How
{plural}

się nazywasz?" - "Nazywam się Śnieżka,"
yourself are named (I am) named myself Snowball

odpowiedziała. "Jak trafiłaś do naszego domku?" -
(she) answered How land to our little home
(end up) (in)

pytały dalej karzełki. Wtedy opowiedziała im, jak
were asking further (the) little dwarfs Then (she) answered them how

macocha chciała ją zabić, jak myśliwy darował jej
stepmother wanted her kill how (the) hunter gifted her
{feminine}

życie, jak biegła cały dzień, aż wreszcie znalazła ten
life how (she) ran all day until finally (she) found this

domek. Wtedy karzełki zapytały: "Jeśli zechcesz
little house Then (the) dwarfs asked If (you) will want
{plural}

troszczyć się o nasz dom, gotować, słać
to care yourself about our home to cook to make (beds)
(for)

łóżeczka, prać, szyć, dziergać i wszystko trzymać w
little beds to launder to sew to crochet and everything to keep in

czystości i porządku, możesz z nami zostać, a
cleanliness and order (you) can with us to stay and

nie zbraknie ci niczego." - "Chcę," odpowiedziała
no lack you anything (I) want answered
(will not) {feminine}

Śnieżka. "Chcę z całego serca." i została z
Snowball (I) want with whole heart and (she) stayed with

88

nimi.	Dbała	w	domu	o	porządek.	Karzełki
them	(She) cared for	in	(the) home	about	order	(The) little dwarfs

rano	wychodziły	do	pracy	w	górach	by	szukać
morning	were leaving	to	work	in	(the) mountains	to	look for

rudy	i	złota,	a	gdy	wieczorem	wracały,
ore	and	gold	and	when	(in the) evening	were coming back

jedzenie	musiało	już	być	gotowe.	Dziewczynka	cały
food	had to	already	be	ready	(The) little girl	all

dzień	była	sama.	Dobre	karzełki	ostrzegały	ją	i
day	was	alone	(The) good	dwarfs	were warning	her	and

mówiły:	"Strzeż	się	macochy!	Wkrótce	się
were saying	Be careful	yourself	(of) stepmother	Soon	herself

dowie,	że	tu	jesteś.	Nie	wpuszczaj	nikogo!"
will find out	that	here	(you) are	No (Do not)	let in	anyone

Królowa	myślała,	że	zjadła	wątrobę	i	płuca
(The) Queen	thought {feminine}	that	she ate	(the) liver	and	lungs

śnieżki	i	była	pewna,	że	znowu	jest	tą
(of) snowball	and	(she) was	sure	that	again	(she) is	this

pierwszą	i	najpiękniejszą,	aż	pewnego	dnia	stanęła
first	and	most beautiful	until	(a) certain	day	(she) stood

przed	lustrem	i	rzekła:
in front of	(the) mirror	and	said

"Lustereczko,	powiedz	przecie
little mirror	tell	yet

89

Kto jest najpiękniejszy w świecie."
who is (the) most beautiful in (the) world

A Lustro odpowiedziało:
And (the) miror answered

"Tu najpiękniejszą jest królowa,
Here (the) most beautiful is (the) queen

lecz od niej piękniejsza jest panna owa.
however from her more beautiful is ms this one

co za górami z karzełkami mieszka
what behind (the) mountains with little dwarfs lives
(who) {feminine}

i zowie się Śnieżka"
and is called herself Snowball
{archaic}

Przeraziła się, bo wiedziała, że lustro nigdy nie
Terrified herself because (she) knew that (the) mirror never no
{feminine}

kłamie. Zauważyła, że myśliwy ją oszukał, a Śnieżka
lies Noticed that (the) hunter her betrayed and Snowball
{feminine}

wciąż była przy życiu. Odtąd myślała, myślała
still was by life From then on (she) thought (she) thought

90

i myślała ciągle od nowa, jak ją zabić,
and (she) thought constantly from (the) beginning how her to kill

bo dopóki żyła, zawiść nie dałaby jej spokoju.
because as long as was alive (the) envy no would give her peace
{feminine} would not give

A gdy w końcu coś wymyśliła, zafarbowała sobie
And when in (the) end something thought up dyed herself
{feminine} {feminine}

twarz, ubrała się jak stara przekupka i była
face dressed herself like old tradeswoman and (she) was
{feminine}

nie do poznania. Pod tą postacią wyruszyła za
no to recognize Under this character (she) started out after
was not recognizable

siedem gór do siedmiu karzełków, zapukała do
(the) seven mountains to (the) seven little dwarfs (she) knocked to
(on)

drzwi i zawołała: "Piękny towar, towar na sprzedaż!"
(the) door and called out Beautiful goods goods on sale
{feminine} (for)

Śnieżka wyjrzała przez okno i zawołała: "Dzień
Snowball peered out through (the) window and called out Good
{feminine} {feminine}

dobry, dobra kobieto, co tam macie na
morning good woman what there have on
{plural - formal You implied} (for)

sprzedaż?" - "Dobry towar, piękny towar," odpowiedziała,
sale Good goods beautiful goods (she) answered

"Sznurowane gorseciki we wszelkich kolorach" i
laced up little) corsets in every kind of colors and

wyciągnęła jeden, który był utkany z kolorowego
(she) pulled out one which was woven from colorful
(out of)

jedwabiu. "Tą dobrą kobietę na pewno mogę wpuścić,"
silk This good woman on certain (I) can to let in
certainly

pomyślała Śnieżka, odryglowała drzwi i kupiła
thought Snowball unbolted (the) doors and (she) bought
{feminine} {feminine}

91

sobie — herself | ładny — (a) pretty | gorsecik. — little corset | "Dziecko, — Child | ależ — but how | ładnie — pretty

wyglądasz!" — (you) look | powiedziała — said {feminine} | starucha, — (the) old hag | "Chodź, — Come | to — so | cię — you

porządnie — properly | zasznuruję." — (I) will lace up | Śnieżka — Snowball | dobrodusznie — good-naturedly | stanęła — stood {feminine}

przed — in front of | nią — her | i — and | pozwoliła — allowed {feminine} | sobie — herself | zasznurować — to lace up | gorsecik, — (the) little corset

a — and | starucha — (the) old hag | wiązała — was tying {feminine} | szybko — quickly | i — and | tak — so | mocno, — hard | że — that

Śnieżka — Snowball | nie — no | mogła — could | złapać — catch | oddechu — breath | i — and | martwa — dead | padła — fell | na — on
could not — breathe

ziemię. — ground | "A — And | byłaś — (you) were | taka — so | ładna, — pretty | najpiękniejsza..." — (the) most beautiful

powiedziała — said {feminine} | stara — (the) old | i — and | czym — with what | prędzej — quicker | wyszła. — left {feminine}

W — In | krótce — soon | po — after | tym, — this | jak — when | nadszedł — approached | wieczór, — evening | do — to | domu — home

wróciło — came back | siedmiu — seven | karzełków. — little dwarfs | Przerazili — Terrified {plural} | się, — themselves | gdy — when

zobaczyli, — (the) saw | jak — how | ich — their | kochana — beloved | Śnieżka — Snowball | leży — lays | na — on | ziemi — (the) ground

całkiem — completely | bez — without | ruchu, — movement | jak — as if | martwa. — dead | Podnieśli — (They) picked up | ją — her

więc — so | do — to | góry, — top / up | a — and | ponieważ — because | dostrzegli, — (they) noticed | że — that | była — (she) was

92

mocno związana, rozcięli gorsecik. Dziewczynka
hard tied up (they) cut open (the) corset (The) little girl
(very) {feminine}

zaczęła oddychać i powoli wracało do niej życie.
started breathing and slowly was coming back to her life
{feminine}

Gdy karzełki usłyszały, co się stało, rzekły:
When (the) little dwarfs heard what itself happened (they) said
{plural}

"Ta stara przekupka to nikt inny jak bezbożna
This old tradeswoman it no one other than (the) godless

królowa: strzeż się i nie wpuszczaj nikogo, gdy
queen be careful yourself and no let in anyone when
(do not)

nas nie ma z tobą."
we no have with you
are not

Gdy wróciła do domu, królowa stanęła przed
When (she) came back to home (the) queen stood in front of
{feminine}

lustrem i rzekła:
(the) mirror and said
{feminine}

"Lustereczko, powiedz przecie
Little mirror tell yet

Kto jest najpiękniejszy w świecie."
who is (the) most beautiful in (the) world

A Lustro odpowiedziało jak zawsze:
and (the) mirror answered as always

"Tu najpiękniejszą jest królowa,
Here (the) most beautiful is (the) queen

lecz od niej piękniejsza jest panna owa.
however from her more beautiful is ms this one

co za górami z karzełkami mieszka
what behind (the) mountains with (the) little dwarfs lives
(who) {feminine}

i zowie się Śnieżka"
and (is) called herself Snowball

Gdy usłyszała te słowa od lustra, zatrzęsła się
When (she) heard these words from (the) mirror (she) shook herself

i ze złości aż zadrżała. "Śnieżka musi umrzeć!"
and from anger until (she) shuddered Snowball must die

zawołała, "Nawet gdybym miała za to zapłacić
(she) called out Even if (I) would have to for this to pay

życiem!" Poszła potem do tajemnej komnaty, gdzie
(with my) life (She) went after to (a) secret room where

nikt prócz niej nie wchodził i zrobiła trujące
no one besides her no came in and (she) made (a) poisonous
came in

jabłko. Z wierzchu było piękne, czerwono zielone, a
apple From (the) top was beautiful red green and

każdy, kto na nie spojrzał, miał na nie ochotę, lecz
each who on it looked at had on it desire however
(at) a desire for it

94

gdy — when   ktoś — someone   zjadł — ate   kawałek, — (a) piece   musiał — had to {masculine}   umrzeć. — die   Gdy — When

jabłko — (the) apple   było — was   już — already   gotowe, — ready   zafarbowała — (she) dyed   sobie — herself   twarz, — face

przebrała — (she) changed (clothes)   się — herself   za — for   chłopkę — (a) countrywoman   i — and   poszła — went {feminine}

za — behind   siedem — seven   gór — mountains   do — to   siedmiu — (the) seven   karzełków. — little dwarfs   Zapukała, — (She) knocked

Śnieżka — Snowball   wychyliła — leaned out   głowę — head   przez — through   okno — (the) window   i — and   rzekła: — said

"Nie — No (Not)   wolno — (it is) allowed   mi — (to) me   nikogo — nobody   wpuszczać, — let in   to let anyone in   siedmiu — (the) seven

karzełków — little dwarfs   mi — me   zabroniło." — forbid   -   "święta — holy   racja" — truth   odpowiedziała — answered

chłopka, — (the) countrywoman   "Chcę — (I) want to   się — myself   pozbyć — get rid of   moich — my   jabłek. — apples   Weź — Take

to — this   jedno — one   w — in   podarku." — gift / as a gift   -   "Nie," — No   odrzekła — answered   Śnieżka, — Snowball   "nie — no (not)

wolno — allowed   mi — me   niczego — anything   przyjmować" — to take   -   "Boisz — (Are you) afraid   się — yourself

trucizny?" — (of) poison   powiedziała — said {feminine}   stara, — (the) old hag   "Popatrz, — Look   przekroję — (I) will cut

jabłko — (the) apple   na — on   dwie — two   części. — parts   Czerwoną — (the) Red   połowę — half   zjesz — (you) will eat   ty, — you

a — and   zieloną — (the) green   ja." — I   Jabłko — (The) apple   było — was   tak — so   spreparowane, — prepared   że — that

tylko — only   czerwona — (the) red   połowa — half   była — was   zatruta. — poisoned   Śnieżka — Snowball   miała — had {feminine}

wielką ochotę na to jabłko, a kiedy zobaczyła, że
(a) great desire on this apple and when (she) saw that
(for)

chłopka je swą połowę, nie mogła się
(the) countrywoman (is) eating her half no could herself
she could not

powstrzymać, wyciągnęła rękę i wzięła trującą
stop (she) extended (the) hand and (she) took (the) poisoned

połowę. Ledwo kęs znalazł się w jej ustach,
half Barely (a) nibble found itself in her lips
{masculine}

padła martwa na ziemię. Królowa patrzyła na nią
(she) fell dead on (the) ground (the) queen was looking on her
(at)

groźnym wzrokiem i śmiała się
(with a) grim gaze and (she) was laughing herself

wniebogłosy. Wreszcie rzekła: "biała jak śnieg,
out loud to the heavens Finally (she) said white as snow

czerwona jak krew, czarna jak heban! Tym razem
red as blood black as ebony This time

karły cię nie zbudzą!" A kiedy w domu
(the) dwarfs you no wake up And when in home
(will not)

zapytała lustro:
(she) asked (the) mirror

"Lustereczko, powiedz przecie
Little mirror tell yet

Kto jest najpiękniejszy w świecie."
Who is (the) most beautiful in (the) world

Lusterko   odpowiedziało:
(The) little mirror   answered

"Tyś   królowo   najpiękniejsza   na   świecie"
You   queen   (the) most beautiful   on   (the) world
                                        (in)

I   wtedy   jej   zawistne   serce   zaznało   spokoju,   na
And   then   her   envious   heart   tasted   peace   on

ile   zawistne   serce   spokoju   zaznać
how much   envious   heart   peace   taste
                może.
                can
        as much peace as an envious heart can taste

Gdy   karzełki   wieczorem   wróciły   do   domu
When   (the) little dwarfs   (in the) evening   came back   to   home
                                {plural}

zastały   śnieżkę   leżącą   bez   tchu   na   ziemi.
(they) found   Snowball   laying   without   breath   on   (the) ground

Była   martwa.   Podniosły   ją,   szukały,   czy   nie
(She) was   dead   (They) lifted up   her   (they) were looking for   if   no
                                                                        (not)

ma   czegoś   trującego,   rozwiązały   rzemyki,
has   something   poisonous   (they) untied   straps

przeczesały   włosy,   myły   ją   w   wodzie   i
(they) combed through   hair(s)   (they) were washing   her   in   water   and

winie,   lecz   nic   nie   pomogło.   Ich   drogie   dziecko
wine   however   nothing   no   helped   Their   dear   child
                        did not help

było   i   pozostało   martwe.   Położyły   ją   na   grobowych
was   and   remained   dead   (They) laid   her   on   grave

97

marach, usiadły całą siódemką i opłakiwały ją.
biers (they) sat all seven and were crying over her

Płakały trzy dni, potem chciały ją pogrzebać,
(They) were crying three days after (they) wanted her (to) bury

lecz wyglądała świeżo jak żywy człowiek i wciąż
however (she) looked fresh as alive person and still

miała piękne rumiane policzki. Powiedziały więc:
(she) had beautiful rosy cheeks (The) said so

"Nie możemy jej oddać czarnej ziemi," i zrobiły
No can her give back (to the) black ground and (they) made
We can not give her back (earth)

trumnę z przeźroczystego szkła, tak że można ją
(a) coffin from clear glass so that can her

było widzieć ze wszystkich stron, położyły ją do niej
was to see from all sides (they) laid her to her
(it)

i złotymi literami wypisały jej imię, oraz to
and (in) gold letters (they) wrote out her name as well as this

że była królewną. Potem zaniosły trumnę na
that (she) was (the) princess After (they) carried (the) coffin on

górę, a jeden z nich zawsze był przy niej i jej
top and one from them always was by her and her
(of)

strzegł. Przychodziły także zwierzęta, aby opłakiwać
guarded Were coming over also animals in order to cry over
{plural}

śnieżkę, najpierw sowa, potem kruk, na końcu gołąbek.
Snowball first (the) owl after crow on end dove

98

Śnieżka (Snowball) **długo** (long) **długo** (long) **leżała** (was laying {feminine}) **w** (in) **trumnie,** ((the) coffin) **lecz** (however) **śmierć** (death)

nie odcisnęła (no imprinted / did not imprint) **na** (on) **niej** (her) **piętna.** (mark) **Wyglądała,** ((she) looked) **jakby** (as if)

spała, ((she) was asleep) **wciąż** (still) **biała** (white) **jak** (as) **śnieg,** (snow) **z** (with) **ustami** (lips)

czerwonymi (red) **jak** (as) **krew,** (blood) **włosami** (hair(s)) **czarnymi** (black) **jak** (as) **heban.** (ebony)

Zdarzyło (Happened) **się** (itself) **jednak,** (but) **że** (that) **pewien** ((a) certain) **królewicz** (prince) **zapuścił** (got lost)

się (himself) **w** (in) **las** ((the) forest) **i** (and) **trafił** (landed) **do** (to) **domu** ((the) home) **karzełków** ((of the) little dwarfs

by (to) **w** (in) **nim** (him {dom - masculine}) **przenocować.** (stay the night) **Na** (On) **górze** (top) **zobaczył** ((he) saw)

trumnę, ((the) coffin) **a** (and) **w** (in) **niej** (her {trumna - feminine}) **piękną** ((the) beautiful) **śnieżkę.** (Snowball)

Przeczytał, ((He) read) **co** (what) **wypisane** (written out) **było** (was) **złotymi** ((in) gold) **literami.** (letters) **Rzekł** ((He) said)

wtedy (then) **do** (to) **karzełków:** ((the) little dwarfs) **"Oddajcie** (Give back) **mi** (me) **tę** (this) **trumnę,** (coffin) **a** (and)

dam ((i) will give) **wam** (you) **wszystko,** (everything) **czego** (what (that)) **tylko** (only) **zechcecie."** ((you) will want {plural}) **Ale** (But)

karzełki ((the) little dwarfs) **odpowiedziały:** (answered) **"Nie** (No (We will not)) **oddamy** (give back) **jej** (her) **za** (for) **całe** (all)

złoto ((the) gold) **tego** (this) **świata."** (world) **Wtedy** (Then) **królewicz** ((the) prince) **rzekł:** (said {masculine}) **"Więc** (So)

podarujcie (gift) **mi** (me) **ją,** (her) **bo** (because) **nie** (no) **mogę** (can / I cannot) **już** (anymore) **żyć** (live) **bez** (without)

widoku śnieżki. Będę ją czcił i poważał jak
(the) sight (of) Snowball (I) will her adore and respect as

kogoś mi najdroższego." Gdy to powiedział,
someone (to) me dearest When this (he) said

skruszył serca dobrych karzełków i dały mu
(he) crumbled (the) hearts (of the) good little dwarfs and (they) gave him

trumnę. Królewicz kazał ją nieść służącym na
(the) coffin (The) prince ordered her to carry (the) servants on

plecach. I wtedy stało się, że potknęli się
(their) backs And then happened itself that (they) tripped themselves

o jakiś krzew. Trumną zatrzęsło, a z ust
over some kind of shrub (The) coffin shook and from (the) lips

śnieżki wypadł zatruty kawałek jabłka. Niedługo
(of) snowball fell out (the) poisoned piece (of) apple Soon

potem otworzyła oczy, podniosła wieko trumny i
after (she) opened eyes picked up (the) lid (of the) coffin and
{feminine}

wyprostowała się. Była żywa! "O Boże, gdzież
straightened herself (She) was alive! Oh God where
{feminine}

jestem?" zawołała. Królewicz odrzekł pełen radości:
am (I) (she) called out (The) prince answered full (of) joy

"Jesteś u mnie," i opowiedział jej, co się stało,
(You) are at my (place) and (he) told her what itself happened

a potem dodał: "Mam ku tobie więcej upodobania
and then added (I) have towards you more likes
{masculine} (feelings)

niż dla całego świata. Pójdź ze mną na zamek
than for (the) whole world Go with me on (the) castle
(to)

ojca mego i zostań moją żoną." Śnieżka była mu
father mine and become my wife Snowball was (to) him

100

łaskawa i poszła z nim, a ich wesele było
grateful and (she) went with him and their wedding was

cudowne i pełne przepychu.
wonderful and full (of) splendor

Na uroczystość zaproszono także śnieżki bezbożną
On (the) celebration (were) invited also Snowball's godless
(For)

macochę. Kiedy już ubrała się w swe piękne
stepmother When already dressed herself in her beautiful
{feminine}

suknie, stanęła przed lustrem i rzekła:
dress (she) stood in front of (the) mirror and (she) said

"Lustereczko, powiedz przecie
Little mirror tell yet

Kto jest najpiękniejszy w świecie."
Who is (the) most beautiful in (the) world

A Lustro odpowiedziało:
And (the) mirror answered

"Tu najpiękniejszą jest królowa,
Here (the) most beautiful is (the) queen

lecz od niej piękniejsza jest pani owa.
however from her more beautiful is ms this one

101

co | w | zamku | z | królewiczem | mieszka
what | in | (the) castle | with | (the) prince | lives
(who)

i | zowie | się | Śnieżka."
and | is called | herself | Snowball

Zła | baba | zaklęła | i | przelękła | się | tak | bardzo, | że
(The) evil | hag | cursed | and | terrified | herself | so | much | that

nie | mogła | się | ruszyć. | Początkowo | wcale | nie | chciała
no | could | herself | to move | Initially | at all | no | wanted
she could not | | | | | | she did not want

iść | na | to | wesele, | lecz | nie | dawało | jej | to | spokoju
to go | on | this | wedding | however | no | giving | her | this | peace
| (to) | | | | | it was not giving her peace

i | musiała | wyruszyć, | by | zobaczyć | młodą
and | (she) had to | head out | in order to | see | (the) young

królową. | Jak | dotarła | na | miejsce, | rozpoznała | Śnieżkę,
queen | How | (she) reached | on | (the) place | (she) recognized | Snowball
| | | (to) | | |

lecz | ze | strachu | i | przerażenia | nie | mogła | się
however | from | fear | and | terror | no | could | herself
| | | | | | she could not

ruszyć. | Nad | rozżarzonymi | węglami | stały | już | dla | niej
move | Above | incandescent | coals | stood | already | for | her
| | | | {plural} | | |

żelazne | pantofle. | Przyniesiono | je | w | obcęgach | i
iron | loafers | (they) were brought | her | in | pincers | and

postawiono | przed | nią. | W | rozgrzanych | do | czerwoności
(they) were left | in front of | her | In | heated | to | redness

pantoflach   musiała   tańczyć,   aż   padła   martwa   na
loafers   (she) had to   dance   until   (she) fell   dead   on

ziemię.
(the) ground

Made in the USA
Las Vegas, NV
13 June 2021

24687942R00067